Sonja Häusler · Katrin Pürer

Neue Reifeprüfung schriftlich

Englisch AHS

Informationen und Übungen

VERITAS
Gemeinsam besser lernen

Inhalt

Vorwort

Liebe Schülerinnen und liebe Schüler!

Die schriftliche standardisierte kompetenzorientierte Reifeprüfung soll eine einheitliche Prüfungsverordnung mit zentral erstellten Angaben schaffen. Das heißt, dass alle Maturantinnen und Maturanten eines bestimmten Schultyps (also z. B. österreichweit alle allgemein bildenden höheren Schulen – AHS) die gleichen Aufgaben bei der schriftlichen Reifeprüfung Englisch bekommen.

Die standardisierte Reifeprüfung besteht aus vier verpflichtenden Teilen und findet in folgender Abfolge statt:

		Dauer	Gewichtung
1.	Reading Comprehensions*	60 Minuten	25 %
2.	Listening Comprehensions*	max. 45 Minuten	25 %
3.	Language in Use*	45 Minuten	25 %
4.	Writing	120 Minuten	25 %

* Die Korrektur dieser Abschnitte erfolgt anhand eines vorgegebenen Lösungsschlüssels

Prüfungsaufgaben für Reading, Listening, Language in Use und Writing werden im Auftrag des Bundesministeriums für Bildung und Frauen (BMBF) in Übereinstimmung mit den Zielvorgaben des Lehrplans erstellt und orientieren sich am Kompetenzniveau B2 des Gemeinsamen europäischen Referenzrahmens für Sprachen (GERS). Für jeden der vier Bereiche gibt es ein eigenes Testheft.

Die Überprüfung der Kompetenzen Reading, Listening und Language in Use kann nur handschriftlich durchgeführt werden. Ebenso sind die Writing Aufgaben handschriftlich zu verfassen, außer wenn die Verwendung von elektronischen Textverarbeitungsprogrammen bereits vor der Reifeprüfung gängige Praxis war. In jedem Fall ist die Verwendung von Wörterbüchern während der gesamten schriftlichen Reifeprüfung nicht erlaubt.

Reading, Listening und Language in Use

Tipps

- Falls während der Prüfungszeit der Prüfungsraum verlassen wird, so bedeutet das das Ende der schriftlichen Reifeprüfung, die dann im Nebentermin wiederholt werden muss.
- Nach der Überprüfung jeder einzelnen Kompetenz gibt es eine kleine Pause, in welcher der Prüfungsraum verlassen werden kann.
- Die Antworten zu den einzelnen Aufgaben sollen auf dem Antwortblatt des Testbogens eingetragen werden.
- Antwortblatt sowie Testheft werden nach Ablauf der Zeit der Lehrerin/dem Lehrer übergeben.
- Es sollte ein blauer oder schwarzer Stift verwendet werden.

- Die Nummerierung der Fragen wird bei jeder Aufgabe fortgesetzt.
  z. B. Reading: Task 1 Q1-Q7
  Task 2 Q8-Q13 …
- Bei Multiple Choice Aufgaben jeweils nur ein Kästchen ankreuzen. Das falsch markierte Kästchen vollständig ausmalen und das richtige ankreuzen.
  A ☐ B ■ C ☒ D ☐
- Bei Aufgaben mit Kurzantworten: Die falsche Antwort streichen und die richtige Antwort daneben hinschreiben.

Q1	~~falsche Antwort~~	richtige Antwort

- Bei Aufgaben zum Zuordnen: Die Antwort in Blockbuchstaben und leserlich schreiben. Bei einer Korrektur einer Antwort das Kästchen ausmalen und rechts daneben hinschreiben.

Q2	**Q3**	**Q4**
G	■ A	C

- Beantworte jede Frage: keine Antwort = falsche Antwort

Writing

Tipps

- Während des Schreibteils darf der Raum verlassen werden.
- Planen Sie Pausen gut – 120 Minuten hören sich viel an, können aber rasch vorüber sein!
- Bewertet wird nur der Text im Testheft.
- Tragen Sie ins Testheft den genauen Zeitpunkt ein, wann mit einer Aufgabe begonnen wurde und wann sie beendet wurde.
  Starting time: ***9:31***
  Finishing time: ***11:42***
- Zählen Sie die Wörter jeder Aufgabe und schreiben Sie die Anzahl der Wörter am Ende der Aufgabe in das Testheft.
  Number of words: ***235***

Generell wurde BE verwendet, außer wenn der Originaltext bei einer Aufgabe in AE war.

Sonja Häusler und Katrin Pürer

Theoretische Grundlagen

Reading

Der Bereich Reading umfasst vier verschiedene Aufgabenstellungen. Jede dieser Aufgabenstellungen beinhaltet ein anderes Testformat, um möglichst viele Aspekte abprüfen zu können.

<table>
<tr><th>Testformat</th><th colspan="2">Aufgabenstellung</th><th>Achtung</th></tr>
<tr><td>Multiple matching</td><td colspan="2">Überschriften müssen entsprechenden Textpassagen zugeteilt werden.</td><td>Es gibt (meist) zwei Überschriften mehr als gebraucht werden.</td></tr>
<tr><td>Multiple choice</td><td>Verständnisfragen zum Inhalt eines Texts/Artikels werden gestellt und pro Frage gibt es vier Antwortmöglichkeiten.</td><td>Oder ein Satzanfang ist gegeben, welcher – dem Sinn des Texts entsprechend – vervollständigt werden muss.</td><td>Es gilt immer nur eine richtige Antwort anzukreuzen.</td></tr>
<tr><td>Multiple matching: gapped variety</td><td colspan="2">Fehlende Sätze oder auch nur Satzteile müssen den richtigen Stellen im Text zugeordnet werden.</td><td>Es gibt immer ein bis zwei Sätze/Satzteile mehr als Lücken.</td></tr>
<tr><td>True/false/justification</td><td>Zuerst werden Fragen zu einem Text mit true oder false beantwortet (ankreuzen)</td><td>dann muss die Antwort begründet werden – mit den ersten vier Wörtern jenes Satzes, der für die Antwort ausschlaggebend war.</td><td></td></tr>
<tr><td>Sequencing</td><td colspan="2">Ein Text oder eine Geschichte ist gegeben. Im Anschluss daran finden sich Sätze, die – wenn sie richtig geordnet sind – eine Zusammenfassung des Gelesenen in der chronologisch richtigen Reihenfolge bilden.</td><td></td></tr>
</table>

Weiteres Testformat: note form (S. 8)

Checklist für den richtigen Umgang mit Reading Comprehensions

- ❐ Meistens wird der Text von einem Bildimpuls begleitet. Sehen Sie sich diesen im Vorhinein kurz an, um einen ersten Eindruck zu bekommen, wovon der Text vermutlich handeln wird.
- ❐ Eliminieren Sie nach dem Ausschlussprinzip und lesen Sie die Angabe immer ganz genau.
- ❐ Ignorieren Sie die Lücken und lesen Sie den ganzen Text einmal in Ruhe durch. Ordnen Sie erst dann den passenden Teil (Überschrift/Satz) der jeweiligen Textstelle zu.

Praktische Beispiele (S. 25–31)

Listening

Jeder Hörtext wird zweimal hintereinander abgespielt, wobei man jeweils 45 Sekunden Zeit für das Durchlesen der Aufgabenstellung und das Überprüfen der Antworten hat. Die Hörüberprüfung beginnt mit dem Drücken der ‚Play'-Taste des CD-Players und endet nach der letzten Hörübung.

Testformat	Aufgabenstellung		Achtung
Multiple choice	Verständnisfragen zum Inhalt eines Texts/ Artikels werden gestellt und pro Frage gibt es vier Antwortmöglichkeiten zur Auswahl.	Manchmal ist aber auch ein Satzanfang gegeben, welcher – dem Sinn des Texts entsprechend – vervollständigt werden muss.	Es gilt immer nur eine richtige Antwort anzukreuzen.
Multiple matching	Satzteile werden miteinander verknüpft. Dieses Format kann unterschiedliche Formen haben.	Satzenden werden Satzanfängen zugeordnet	Es gibt immer zwei Vorschläge, die ‚übrig' bleiben.
		Aussagen werden den jeweiligen Sprechern zugeordnet.	Achten Sie darauf, dass manchen Sprechern mehr als eine Aussage zukommen kann!
Note form: 1–4 word-answers; sentence completion, table completion, gap filling	Hier sollen … entweder Fragen in nicht mehr als 4 Wörtern beantwortet werden	… oder Sätze in nicht mehr als 4 Wörtern vervollständigt werden.	Solange der Sinn verständlich und korrekt wiedergegeben ist, kann man in Satzstellung und Rechtschreibung kreativ sein.

Checklist für den richtigen Umgang mit Listening Comprehensions

- ❐ Lesen Sie den Aufgabentext aufmerksam durch. So kann man vorab schon einiges an Vokabular kennenlernen.
- ❐ Lesen Sie die Überschriften und Formulierungen der Fragen – diese geben Hinweise auf den Inhalt des Hörbeispiels.
- ❐ Oft wird der Text von einem Bildimpuls begleitet. Sehen Sie sich diesen im Vorhinein kurz an, um einen ersten Eindruck zu bekommen, wovon der Text vermutlich handeln wird.
- ❐ Eliminieren Sie nach dem Ausschlussprinzip. Verfallen Sie nicht in Panik, wenn beim ersten Mal nicht gleich alle Antworten klar sind – es gibt noch einen zweiten Durchgang des Hörbeispiels.

Praktische Beispiele (S. 32–37)

Language in Use

Der Bereich Language in Use umfasst vier voneinander unabhängige Aufgabenstellungen. Jede dieser Aufgabenstellungen beinhaltet natürlich ein anderes Testformat, um möglichst viele unterschiedliche Aspekte abprüfen zu können.

Testformat	**Aufgabenstellung**	**Achtung**
Multiple choice	Es geht darum einen Lückentext zu vervollständigen. Pro Lücke sind jeweils vier Möglichkeiten vorgegeben und es muss entschieden werden, welches das richtige Wort ist.	Arbeiten Sie nach dem Ausschlussprinzip.
Banked gap fill	Auch hier soll ein Lückentext mit vorgegebenen Wörtern vervollständigt werden.	Es gibt immer ein bis zwei Wörter mehr als man braucht.
Editing	Die Wörter, die nicht in den Text gehören, sollen gefunden werden. Der Text wird Zeile für Zeile korrigiert: wenn ein Wort nicht hingehört wird es herausgeschrieben, sonst wird die Zeile mit einem Haken (✔) markiert.	
Word formation	Bei einem Lückentext sollen die vorgegebenen Wörter in die jeweils richtige Form gebracht werden – also z. B. ein Nomen in ein Verb/Nomen in ein Adjektiv verwandeln.	Es muss auch immer auf die richtige Verwendung der Zeiten (bei Verben) geachtet werden.
Open gap fill	In einen Lückentext soll ein Wort dem Sinn bzw. der Grammatik entsprechend eingesetzt werden.	Es ist kein Wortstamm vorgegeben.

Checklist für den richtigen Umgang mit Language in Use

- ❒ Lesen Sie den Aufgabentext aufmerksam durch.
- ❒ Lesen Sie die Überschriften und Formulierungen der Fragen – diese geben Hinweise auf den Inhalt des Hörbeispiels.
- ❒ Oft wird der Text von einem Bildimpuls begleitet. Sehen Sie sich diesen im Vorhinein kurz an, um einen ersten Eindruck zu bekommen, wovon der Text vermutlich handeln wird.
- ❒ Eliminieren Sie nach dem Ausschlussprinzip. Verfallen Sie nicht in Panik, wenn beim ersten Mal nicht gleich alle Antworten klar sind – streichen Sie die Wörter durch, die Sie nicht verwendet haben.

Praktische Beispiele (S. 38–45)

Writing

Im Writing Teil sollen in 120 Minuten zwei Texte verfasst werden:

Teil A	▪ Essay ▪ ca. 400 Wörter +/–10 % = zwischen 360 und 440 Wörter ▪ Thema ist fix vorgegeben ▪ Die Aufgabenstellung orientiert sich an Dingen aus dem alltäglichen Leben von Schülerinnen und Schülern, wie z. B. Schule, Freunde, Hobbys ....
Teil B	▪ E-Mail (formal/informal), Report, Article, Review, Blog, Broschüre, Proposal ▪ → Die Testformate Proposal, Broschüre und Blog finden Sie unter http://neue-reifepruefung-englisch.veritas.at ▪ Auswahl eines Texts aus 2 Angaben ▪ schriftliche Bekanntgabe der Themenwahl innerhalb der ersten 30 Minuten; danach ist keine Änderung mehr möglich. ▪ ca. 250 Wörter +/– 10 % = 225 bis 275 Wörter

Die schriftlichen Aufgaben werden anhand einer allgemein gültigen Assessment Scale und mit dem sogenannten Punkte/Prozentsystem bewertet. Teil A und Teil B werden zu gleichen Teilen gewichtet, d. h. sie machen jeweils 12,5 % der Note aus.

Checklist für den richtigen Umgang mit Writing Tasks

- ❒ Lesen Sie alle Aufgabenstellungen gleich zu Beginn aufmerksam und genau durch.
- ❒ Wählen Sie einen der zwei Kurztexte aus und teilen Sie sich die Zeit gut ein.
- ❒ Sammeln Sie Ideen auf einem ‚Schmierpapier' und organisieren Sie und strukturieren Sie die Ideen.
- ❒ Entscheiden Sie, ob ein Konzept hilfreich und sinnvoll ist. Bedenken Sie, dass Sie Zeit für die Reinschrift benötigen.
- ❒ Sollten Sie auf das Konzept verzichten, bedenken Sie, dass die optische Form auch beurteilt wird.
- ❒ Passen Sie den Schreibstil an das verlangte Register/Zielpublikum an: neutral, formell oder informell?
- ❒ Verwenden Sie angemessene Satzverbindungen (linking devices).
- ❒ Achten Sie auf eindeutige und logische Absatzsetzung.
- ❒ Beachten Sie alle optischen Kriterien, die das Format der Textsorte verlangt.
  (z. B.: E-Mail – Anrede)

Praktische Beispiele (S. 46–51)

Essays

	Argumentative Essay/Discursive Composition	Opinion Essay
Definition	In einem Argumentative Essay sollen Für- und Widerargumente eines Themas so präsentiert werden, dass am Ende die Meinung des Verfassers deutlich wird.	In einem Opinion Essay soll ein Thema aus einer eingeschränkten Perspektive behandelt werden – also entweder FÜR oder GEGEN die Aufgabenstellung.
Zweck	Informationen sollen über ein bestimmtes Thema bzw. ein Problem gegeben werden und Ihre Meinung soll überzeugen.	Ihre persönliche Meinung und Ihr Standpunkt zu einem bestimmten Thema oder Problem sollen überzeugen.
Zielgruppe	Das Zielpublikum hängt von der Aufgabenstellung ab, z. B. Lehrerin/Lehrer, Zeitungen oder Websites von Organisationen.	Das Zielpublikum hängt von der Aufgabenstellung ab, z. B. Lehrerin/Lehrer, Zeitungen oder Websites von Organisationen.
Aufbau	▪ Titel ▪ Gliederung in Absätze, markiert durch 1 Leerzeile ▪ kurze Einleitung ▪ Hauptteil A und Hauptteil B: Gliederung ▪ kurzer Schluss: Conclusion	▪ Titel ▪ Gliederung in Absätze, markiert durch 1 Leerzeile ▪ kurze Einleitung mit Kernaussage ▪ Hauptteil: Gliederung ▪ kurzer Schluss: Conclusion

Checklist für das richtige Verfassen von Essays

- ❒ Sammeln Sie Ideen. Finden Sie eine logische Reihung der Argumente – die dann zu Ihrer persönlichen Meinung führen.
- ❒ Überlegen Sie für jedes Argument eine BEHAUPTUNG, BEGRÜNDUNG und BEWEISE.
- ❒ Beginnen Sie erst dann zu schreiben.
- ❒ Achten Sie bei der Wortwahl auf die Leserschaft.
- ❒ Erklären Sie das Thema/die Aufgabenstellung in der Einleitung.
- ❒ Strukturieren Sie jedes Argument mit These-Begründung-Beleg/Beispiel.
- ❒ Das Argument, das Ihre Meinung am besten unterstützt, schließt den Hauptteil ab.
- ❒ Formulieren Sie Ihre Meinung in der Conclusion und überzeugen Sie die Leserschaft!
- ❒ Check: Rechtschreibung, keine Kontraktionen, korrekte grammatikalische Strukturen!

Argumentative Essay/Discursive Composition

Essay Question

- **What are the positive and negative effects of IT on everyday life?**

Titel: benennt das Thema und stellt einen Bezug zur Aufgabenstellung her

Einleitung
1. Erklärung des Themas
2. Überleitung zum Hauptteil
3. Interesse des Lesers wecken

The effects of IT on everyday life

neutrale, formelle Sprache: kein I think, you …

The usage of IT has become more and more common recently; moreover, it has completely changed people's everyday life. This development has led to positive and negative effects on society. Many studies have shown that negative aspects might be more dominant in the future.

Argument
Behauptung
Begründung
Beispiele

Hauptteil
A: positive Seite
B: negative Seite

On the positive side, e-mail has improved long distance communication in work life as well as in private life. As a matter of fact, the Internet offers a vast amount of information which is easily accessible. For example, "googling" has become a common term for searching information. From news to medical advice and online courses – the Internet enables people to participate in the global world of information. In addition, online shops provide the possibility to buy everything from everywhere, for example, people from Germany can order breakfast cereals in the USA. This has also affected the consumer habits in general because people buy books, download music and films via the Internet. Education and learning is also transferred from books and paper to virtual spaces. Through the Internet it is possible to watch videos and listen to authentic radio reports in the classroom. Therefore, the learning process has changed significantly. Actually, it seems that life has become more convenient through the amenities of the Internet.

Passiv

niemals don't

wichtigstes Argument am Schluss

On the other hand, because of smart phones, iPhones and iPads people are constantly put under pressure. Everyone can be contacted and reached everywhere. People tend to check their e-mails in their free time because they have internet access on their mobile phone. They do it because it is possible. Work life and free time are blurred. Through Internet sites like Wikipedia information is available everywhere. Therefore, people do not need to go to libraries and look up things in an encyclopedia. Furthermore, people spend hours in social networks and communicate in a virtual world and so people lose the connection to the real world and real friends. People do not communicate face-to-face, they link up in the virtual world although they are sitting next to each other. Because of the available technology many people neglect sports. This causes health problems in terms of shape and ability to move. In addition, the heart attack rate is increasing. There are also studies which show that electro smog causes illnesses.

Zusammenfassung der wichtigsten Argumente

To conclude, the technological advancements have made daily life easier. However – considering the profound effect of these inventions on the future – it can be said that these technological developments may cause major problems. These problems have to be talked about so that individuals and society are aware of these vast changes. (430 words)

persönliche
Meinung
Lösungsansatz

Opinion Essay

Essay Questions

- **Why have computer games caught the attention of Mass Media nowadays?**
- **How can computer games stimulate violence in everyday life?**

Titel

sachlicher formaler Schreibstil

Games and Violence

Einleitung: stellt das Thema vor

Kernaussage = Thesis statement mit den Argumenten

Recently, computer games have caused some uproar in Mass Media due to high school shootings which were linked to teenagers who have excessively played violent computer games. Therefore, the media coverage has doubled and tries to blame violent computer games because they condition people to use violence in reality. To increase the entertainment effect, games were designed to imitate reality. It is often heard that violent games develop violence in the player because violence becomes normal and the player cannot differ between game and reality.

Topic Sentence (Behauptung) 1. Argument = 1. Absatz

Begründung und Details, die das Argument unterstützen

Entertainment was the core idea when designing computer games. To achieve a maximum entertaining effect, realistic scenes and scenarios were invented. Through that realism the player has the feeling of being part of the game, which creates a unique playing experience. Furthermore, the player learns to handle multiple tasks at the same time because several moving objects have to be tackled. The overall level of people who play computer games is higher than those who do not play them.

Hauptteil

Topic Sentence 2. Argument = 2. Absatz

Passiv – keine direkte Anrede des Zielpublikums

Violence in games and violence in reality are completely different because the decisions made in a game only apply to the rules of the game. These rules cannot be applied to solving problems in the real world. In the game, the player follows tasks of an invented world and acts within a virtual reality which allows the player to re-invent a different self. This self is detached from the outside world and can have any possible attributes, for example, the person can be a hero or a villain.

Topic Sentence 3. Argument = 3.Absatz

Bindewörter – linking devices: which, furthermore

What can happen when a person confuses game and reality? A player gets so involved in the world of the computer game that the playing experience becomes real. This shows that realistic scenes and tasks can cause violence in people. The player begins to act according to the game´s rules, which have no basis in reality. Furthermore, it shows that people who play violent games are fascinated and attracted by violence also in reality. As violence solves problems in the computer game´s world, the player applies this problem solving method to the real world. This leads to violence in reality.

Schluss: präsentiert und fasst die Kernaussage zusammen

niemals it's

persönliche Meinung

Those players who are familiar with the rules of violent games will never blame these kinds of games as a source of violence in reality because for them it is only a game. However, players who tend to behave violently are drawn in by the game´s violent world and cause violent actions in the real world. All in all, it can be said that violent games may be a justification for violent people to cause violence. (433 words)

Article

Definition	Ein Artikel ist ein schriftlich verfasster Text zu einem bestimmten Thema, der ein in sich abgeschlossener, selbstständiger Teil einer Publikation ist, wie z. B. Bücher, Zeitschriften, Magazinen und Zeitungen – in Printform oder online.
Zweck	▪ Leser zu einem bestimmten Thema neutral zu informieren ▪ Abhängig von dem Medium, in dem der Artikel erscheint, kann er überzeugen, unterhalten, fesseln, aufregen oder Menschen zu Handlungen bewegen.
Zielgruppe	Ein Artikel richtet sich an eine Leserin oder einen Leser. Inhalt, Wortwahl und Stil des Artikels hängen sehr stark davon ab, an wen der Text gerichtet ist. In der Angabe steht, in welcher Art von MEDIUM der Artikel publiziert wird und um wen es sich bei der ZIELLESERSCHAFT handelt. Das Publikum kann von Mitschülerinnen und Mitschülern, im Falle eines Schulmagazins, über Sportfans, im Falle einer Sportzeitschrift, bis hin zu Wissenschaftlerinnen und Wissenschaftlern reichen.
Aufbau	▪ Titel = Headline ▪ Einleitung = Lead in soll das Interesse des Zielpublikums wecken. ▪ Hauptteil: Gliederung in Absätze für jeden Hauptpunkt – neuer Absatz = neue Zeile; Ideen und Aspekte sollen mit Daten und Fakten untermauert werden ▪ Schluss: Zweck des Artikels wird betont – soll er aufregen, informieren …?

Checklist für das richtige Verfassen von Articles

- ❐ Lesen Sie die Aufgabenstellung aufmerksam durch: Was genau ist das Thema?
- ❐ Wer ist das Zielpublikum? Wo wird der Artikel publiziert?
- ❐ Sammeln Sie themenrelevante Ideen.
- ❐ Überlegen Sie sich die KERNAUSSAGE – was soll mit dem Artikel bezweckt werden?
- ❐ Finden Sie eine logische Reihung der Ideen, die die Leserin/den Leser klar informiert.
- ❐ Finden Sie eine passende Schlagzeile/Headline – das kann auch der letzte Schritt sein!
- ❐ Formulieren Sie ein gutes Lead-In: Vorstellung des Themas UND der Kernaussage.
- ❐ Füllen Sie jeden Absatz mit relevanten Fakten, Daten und Zitaten.
- ❐ Formulieren Sie einen pointierten Schluss: Zusammenfassung und Zweck des Artikels.
- ❐ Beachten Sie bitte, dass ein Artikel auf gar keinen Fall persönliche Meinungen wiedergibt!
- ❐ Achten Sie auf optische Gliederung/Absätze.
- ❐ Überprüfen Sie, ob keine Verallgemeinerungen und Klischees formuliert wurden.
- ❐ Ist der Schreibstil (Wortwahl, grammatikalische Strukturen, Kontraktionen …) dem Zielpublikum angepasst? Fühlen sich die Leserinnen/Leser angesprochen?
- ❐ Achten Sie auf passende Satzverbindungen.
- ❐ Ist der Text leserlich und optisch ansprechend?

Article

Article question

- **Write an article about carbon footprints for your school newspaper.**

Titel: Wortspiele, Anspielungen und Abkürzungen sind erlaubt

Green Luxury

neutrale Sprache – abhängig von Leserschaft kann auch formell und informell sein

Einleitung = Lead in: bringt das Thema auf den Punkt und weckt Interesse und Aufmerksamkeit

A lavish New York family home reduces carbon footprint

The Carter family of Diamond Manor, New York, lives in an extraordinarily huge house with more than 7,000 square feet of living space. They have got their own gym, indoor pools, fountains and elevators. While this sounds impressive in itself, the most stunning thing about the house is its carbon footprint: Diamond Manor runs on geothermal and solar energy. Who can imagine that?

rhetorische Frage – das Publikum kann direkt angesprochen werden

Topic Sentence 1 Thema = 1 Absatz

Both, Sam and Judy Carter, the owners of Diamond Manor, made sure that their dream home would not have a significant carbon footprint when they decided to build the house. Together with their architects, Mr and Ms Carter helped designing an energy-efficient as well as cost-effective home featuring amenities such as geothermal heating and air conditioning, solar panels, as well as recycled rainwater and an overall energy efficient design.

Beispiele

Hauptteil

relevante und interessante Informationen

The geothermal heating and cooling systems are not common in the New York area, as they depend on water pumped up from inside the earth. Using the wells under the house, the water is pumped up a 320 foot pipe. In addition, the house collects rainwater, storing it in big tanks in the basement. These water tanks recycle and use water for the lawn and plants around the house.

Schluss: Zusammenfassung

Other green products used at Diamond Manor include energy-efficient windows and insulation as well as computer-controlled lights and temperature in each room. Mr Carter insists that these are things most homeowners can install to reduce their own carbon footprints. And he is right: the Carter's beautiful and lavish home is likely to become an inspiration for homeowners worldwide. (272 words)

Zweck: Motivation

Report

Definition	Ein Report (dt. Bericht) stellt einen bestimmten Sachverhalt in Form eines, meist offiziellen, Dokuments dar. Ein Bericht basiert immer auf einer Quelle: Einerseits kann dies eine Untersuchung und statistische Auswertung einer Gruppe von Personen, andererseits eine Überlegung einer oder mehrerer Personen sein.
Zweck	▪ Informationen und Berichte über z. B. Tatsachen, Ergebnisse, Projekte, Forschungen und Untersuchungen ▪ Schlussfolgerungen und daraus gezogene Empfehlungen für eine bestimmte Vorgehensweise sollen gegeben werden.
Zielgruppe	Die Leserinnen und Leser hängen natürlich wieder stark von der Aufgabenstellung ab. Prinzipiell ist ein Bericht aber immer an eine Person gerichtet, die eine Entscheidung treffen soll.
Aufbau	▪ Angabe von Empfänger/in, Autor/in, Datum ▪ Betreffzeile (Subject line) ▪ Einleitung beantwortet die Fragen: Was? Warum? und Für wen? ▪ Präsentation der Ergebnisse: eine Überschrift pro Thema, die erklärt worum es in dem Absatz geht ▪ Schluss kann eine Zusammenfassung, Empfehlung, Ausblick oder Interpretation sein

Checklist für das richtige Verfassen von Reports

- ❐ Wer ist die Empfängerin/der Empfänger? Was genau ist das Thema? Was ist das Ziel dieses Berichts?
- ❐ Analysieren Sie das Bildmaterial (z. B. Statistiken) oder die Textpassagen. Bietet die Angabe keine Informationen, sammeln Sie selbst Ideen.
- ❐ Werten Sie diese Informationen aus und überlegen Sie eine Struktur.
- ❐ Formulieren Sie Absatzüberschriften und beginnen Sie erst dann zu schreiben!
- ❐ Geben Sie Empfängerin/Empfänger, Autorin/Autor, Datum an und formulieren Sie eine passende Betreffzeile.
- ❐ Schreiben Sie eine schlüssige Einleitung: Was? Warum? Für wen?
- ❐ Präsentieren Sie die Hauptpunkte des Berichts mit Absatzüberschriften.
- ❐ Vergewissern Sie sich, ob die inhaltliche Reihung der Hauptpunkte logisch ist.
- ❐ Formulieren Sie einen passenden Schluss.
- ❐ Check: Rechtschreibung, keine Kontraktionen, korrekte grammatikalische Strukturen!
- ❐ Überprüfen Sie, ob nicht aus der Angabe kopiert wurde.
- ❐ Kontrollieren Sie, ob der Stil sachlich und präzise ist.
- ❐ Achten Sie auf passende Satzverbindungen und einen optisch ansprechenden Text.

Report

Report question

- **Write a report for your boss, describing the information shown in the chart.**

Division of household tasks: by gender, Great Britain

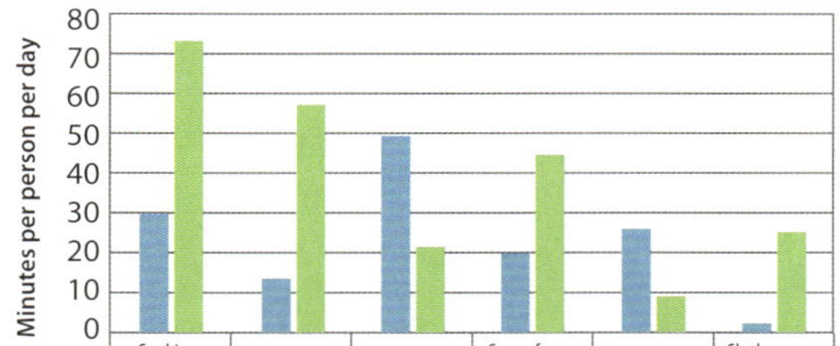

	Cooking, baking washing up	Cleaning, house tidying	Gardening, petcare	Care of own children and play	Maintenance odd jobs	Clothes, washing, ironing, sewing
males	30	13	49,5	20	26	2
females	74	58	21	45	9,5	25

Data from: Office for National Statistics on behalf of the Controller of Her Majesty´s Stationery Office

Empfänger

To: Mr. Hubert

Autor

From: Melanie Talent

Date: 31.01.20 . .

Betreffzeile: subject line

Subject: Analysis of household tasks done by men and women in Great Britain.

formale, neutrale Sprache
niemals: can´t, don´t
niemals: you, I, we

Einleitung: was?/ warum?/ für wen?

Introduction

The chart above provides an overview of the average amount of time British men and women use for domestic tasks. In general, it can be seen that women spend four hours on household tasks, while men only spend approximately two and a half hours.

Überschrift, die den Inhalt des Absatzes erklärt

Hauptpunkt wird präsentiert

Household tasks performed by women and men

According to the chart, women are more likely to perform tasks connected to cooking, cleaning, washing and childcare. In comparison, women spend about 74 minutes on cooking, baking and washing up, while men only spend 30 minutes in doing these tasks. In addition, women use 58 minutes a day for tasks such as cleaning and house tidying, whereas men devote just 13 minutes to these activities. However, there are a few areas where men are more active than women, i.e. gardening, pet care and maintenance jobs around the house. The statistics say that men spend 49,5 minutes a day on gardening and pet care, while women spend only 21 minutes in doing these tasks.

Fakten: knapp und prägnant zusammengefasst

optional – abhängig vom Zweck des Reports

Recommendation

To achieve a balance, it is recommended to initiate measures concerning equal distribution of household chores. This can be achieved through an extensive advertising campaign including television, radio and newspapers.

Schluss: orientiert sich an der Angabe

Zweck: Zusammenfassung

Conclusion

All in all, the chart above underlines the fact that routine domestic duties are primarily taken care of by women, while men prefer tasks like gardening, house maintenance and pet care. (241words)

Review

Definition	Unter Review versteht man die Rezension, also Beurteilung und Kritik, eines Buches, einer Kurzgeschichte, eines Theaterstücks oder eines Films.
Zweck	Ziel einer Rezension ist es, die Leserin bzw. den Leser einerseits über den Inhalt des Buchs/Films/Theaterstücks zu informieren, andererseits aber auch eine persönliche Wertung durch die eigene Meinung – also Kritik – zu geben.
Zielgruppe	Eine Rezension ist immer an eine Person gerichtet, die erfahren will, ob sie das Buch/der Film/das Stück interessieren könnte. Meistens wird das Zielpublikum die Leserin oder der Leser einer Literatur-/Film- oder Theaterkritikspalte einer Zeitschrift oder eines Magazins sein.
Aufbau	▪ Titel: Information über Titel des Buchs/Films/Stücks und Ausblick auf die Kritik ▪ Einleitung: Nennung von Titel, Autor/in, Genre, Regisseur/in, Schauspieler/in, Preise ▪ Hauptteil: Inhalt, Hauptcharaktere, Zielgruppe, Kernaussage des Werkes, die Hauptkritikpunkte ▪ Schluss: Hauptkritikpunkte werden zusammengefasst und eine Empfehlung wird ausgesprochen.

Checklist für das richtige Verfassen von Reviews

- ❐ Welche Art von Werk soll kritisiert werden? Wählen Sie ein passendes Werk.
- ❐ Wer ist das Zielpublikum? Wo wird die Review publiziert?
- ❐ Sammeln sie Fakten und Aspekte, die in einer Review erwähnt werden.
- ❐ Überlegen Sie einen HAUPTKRITIKPUNKT – was kann man über das Werk sagen?
- ❐ Finden Sie eine logische Reihung der Aspekte, die informieren und beraten.
- ❐ Finden Sie einen passenden Titel – das kann auch der letzte Schritt sein!
- ❐ Formulieren Sie eine gute Einleitung: Titel, Autorin/Autor, Genre, Schauspielerin/Schauspieler, Preise, Hauptkritik.
- ❐ Füllen Sie jeden Absatz mit relevanten Aspekten – verbinden Sie Inhalt mit Kritik!
- ❐ Formulieren Sie einen wirkungsvollen Schluss: Empfehlung und Zusammenfassung
- ❐ Überprüfen Sie, ob die Leserinnen und Leser an einem ‚roten Faden' durch Einleitung, Hauptteil und Schluss geführt werden.
- ❐ Achten Sie auf optische Gliederung/Absätze. Verwenden Sie passende Satzverbindungen.
- ❐ Ist der Schreibstil dem Zielpublikum angepasst? Fühlt es sich angesprochen?
- ❐ Ist die Review eine gute Hilfestellung, um sich zu informieren?

Review: film and book

Titel: Information über Titel des Films und wie die Kritik ausfallen wird

Bond is back in Skyfall: better than ever!

Einleitung: enthält Titel, Schauspieler, Regisseur, Preise und was den Film besonders macht

Skyfall, the new James Bond movie with Daniel Craig, is a primary example of Bond at his best. To achieve this, award-wining director Sam Mendes included all ingredients of a typical Bond movie. For example, there are fast cars, spectacular settings, innovative gadgets, a tremendously vicious villain, played by Academy Award winner Javier Bardem and Bond Girls marvelously portrayed by Naomie Harris and Bérénice Marlohe.

Hauptteil: enthält Inhalt, Hauptcharakter des Films und Kritik

positive Kritik

Daniel Craig´s previous two Bond movies have been criticized because they broke with the Bond conventions, for example, Bond was shown as a vulnerable man who was driven by revenge. The audience was not used to such a depiction and rejected these unexpected turns. *Skyfall* returns to the roots of Bond and shows him as a tough and reliable MI6 agent who tries to get a stolen hard drive containing all data of MI6 agents. Instead of pursuing personal revenge, he is back on a quest for Queen and country, leading him to exotic locations like Istanbul, Shanghai and South Africa.

Schluss: Zusammenfassung

Empfehlung

Audiences who are familiar with the traditional Bond movies will appreciate Sam Mendes' version of Bond because he combines the best aspects from the earlier films and establishes a traditional Bond in a contemporary setting. *Skyfall* is a spectacular movie that has it all: action, drama, humor, love and Bond as the hero. It is certainly an experience which should not be missed. (236 words)

Review: The Adventures of Huckleberry Finn

roter Faden in der Einleitung

Many literary critics believe that *The Adventures of Huckleberry Finn* is Mark Twain's greatest masterpiece. In this novel, he combines humor with mature themes to attack many Southern traditions that were still a reality at the time of the book's publication. Through the eyes of the main character Huckleberry Finn, the reader gets to know the South with all its faults but also its positive qualities.

Bindewörter = linking devices: for instance, and, but

One of the novel's main themes is the conflict between civilization and "natural life." Huckleberry Finn was raised without rules or discipline and thus represents natural life through his uncivilized manners and his desire to escape from civilization. For instance, the character of Widow Douglas tries to civilize "Huck" and forces him to wear new clothes and read the Bible, but Huck rejects these social norms. Together with Jim, a runaway slave, Huck finally manages to escape from civilized society.

Informationen zum Buch

The author, Mark Twain, was anti-slavery, and he uses Jim's character and story to explain why slavery is wrong. Therefore, the way Huck's friend Jim is portrayed in the novel was very controversial at the time. Many Southern readers did not appreciate that Huck decides to free Jim and the novel was banned in several US-American states. However, in the course of time, the story became very popular all over the world and it is now regarded as one of the milestones of American literature.

Although it was published more than hundred years ago, *The Adventures of Huckleberry Finn* is still an enormously entertaining and intelligent book that invites the reader to question inequalities in the so-called "civilized world." (271words)

E-mail

Definition	Unter einem E-mail (dt. E-Mail) versteht man eine digitale, formelle oder informelle Nachricht an eine oder mehrere Personen. Dementsprechend können die verschiedenen Aufgabenstellungen von einem Hilferuf an einen besten Freund in Beziehungsfragen über eine Beschwerdenachricht wegen einer fehlgeschlagenen Hotelreservierung bis hin zu einem Bewerbungsschreiben reichen.
Zweck	E-Mails sollen eine oder mehrere Personen informieren, Rat und Hilfe geben bzw. darum bitten.
Zielgruppe	Die Nachricht wird an eine bestimmte Person adressiert, die der Aufgabenstellung entnommen werden kann.
Aufbau	Leiste für Empfänger/in: E-Mail-Adresse Empfänger/in Leiste für Absender/in: Ihre E-Mail-Adresse Betreff: Worum geht es in dem E-Mail? Gruß (Salutation): formell oder informell Text in Absätzen: Einleitung – Zeile frei – Hauptteil – Zeile frei – Schluss Hauptteil: jeder Aspekt = 1 Absatz – in die nächste Zeile rücken Verabschiedung (Closing): formell oder informell Unterschrift

Checklist für das richtige Verfassen von E-mails

- ❐ Lesen Sie die Aufgabenstellung aufmerksam durch.
- ❐ Handelt es sich um eine formelle oder informelle Nachricht?
- ❐ Was ist der Zweck des Schreibens? Wer ist die Empfängerin/der Empfänger?
- ❐ Gab es schon Schriftverkehr zwischen Senderin/Sender und Empfängerin/Empfänger?
- ❐ Sammeln Sie Fakten, Ideen und Fragen, die der Aufgabenstellung entsprechen.
- ❐ Überlegen Sie die Hauptaussage: Was wollen Sie bezwecken?
- ❐ Beginnen Sie erst dann zu schreiben!
- ❐ Beachten Sie das Layout: Empfänger/in–Absender/in–Betreff–Text–Verabschiedung–Unterschrift
- ❐ Einleitung: Was? Warum?
- ❐ Hauptteil: enthält alle relevanten Informationen
- ❐ Schluss: Hauptinformation – Appell
- ❐ Ist der Schreibstil der Aufgabenstellung angepasst?
- ❐ Ist der Text leserlich und optisch ansprechend?

E-mail

E-mail question

- **Write an e-mail to Ms Vera Hundertson, applying for a position at the marketing department.**

Betreffzeile = subject line: beschreibt den Inhalt des E-Mails

To: vera.hundertson@marketing.com
From: linda.mayer@mail.com
Subject: Application for the position of a management assistant #342
Date: 21.3.20..

direkte Ansprache, wenn möglich

Nenne den Grund und verweise auf früheren Kontakt, wenn möglich

Dear Ms Hundertson,

I am writing to express my interest in your current opening for a management assistant as we have already talked during my traineeship. As your company is an innovative and prestigious enterprise, I am excited by the possibility of working for you.

As a recent graduate with accounting, project management and administrative experience, I believe I am a strong candidate for a position at the 678 Business First Company.

1 Absatz = 1 Punkt mit neuer Information

You specify that you are looking for someone with strong management skills. As a marketing major, a mathematics tutor, and an administrative intern for both, a government organisation and an IT office, I have become a skilled accountant with multitasking abilities and a vast field of experience.

My love for detail, practical experience, and determination to enter the marketing business will make me a perfect candidate for the open position. I would love to start my career with your company, and I am certain that I would be a benefit to the 678 Business First Company.

Betone wichtige Informationen und Handlungsbedarf

I have enclosed my resume, and will contact you within the next days to follow up on this letter of inquiry.

Schlussformel = closing

Thank you so much for your time and consideration.

sign off = Grußformel

Sincerely,
Linda Mayer

Linda Mayer
345 Mannor Square
Town, MA 345678
E-mail: linda.mayer@mail.com
Cell: (0789) 111-12345
LinkedIn: linkedin.com/in/lindamayer

Beurteilungskriterien

Das Punkte/Prozentsystem

Da sich die Punktefindung in den Reading-, Listening- und Language in Use-Tasks von der der Writing-Tasks unterscheidet, wird sie im Folgenden getrennt erklärt.

Beurteilung: Reading, Listening und Language in Use

Jede richtige Antwort bei Reading- Listening- und Language in Use-Tasks wird mit einem Punkt bewertet. Somit ergibt sich jeweils für jeden Bereich der drei Skills eine bestimmte Anzahl von maximalen Punkten. Pro fehlerhafter Antwort wird ein Punkt abgezogen. Es gibt keine halben Punkte. Rechtschreib- und Grammatikfehler zählen bei den Reading- und Listening-Tasks nur dann, wenn sie sinnstörend sind. Bei den Language in Use-Aufgaben hingegen kommt es bei Rechtschreib- und Grammatikfehlern zu vollem Punkteabzug. Alle in dem jeweiligen Skills-Teil erreichten Punkte werden addiert und durch die maximal mögliche Punktezahl dividiert. Dieser Wert entspricht den erreichten Prozent in diesem Teil. Multipliziert man diesen Wert mit den maximalen Prozent – also jeweils 25 – weiß man wie viel Prozent der schriftlichen Klausur man in dem jeweiligen Bereich erreicht hat. Zur Verdeutlichung ein Rechenbeispiel:

z. B. der Reading-Teil zählt insgesamt 29 Punkte. Sie haben 22 Punkte erreicht.

22/29 x 25 = 18,97 %   gerundet 19 %   Sie haben also 19 % von maximal 25 % erreicht.
(erreichte Punkte/maximale Punkte) x maximale Prozent = erreichte Prozent

Beurteilung: Writing

Insgesamt wird der Writing-Teil mit 25 % beurteilt – also 12,5 % pro Text. Man kann maximal immer 40 Punkte pro Text erreichen. Die Punkte der Texte werden immer nach der sogenannten ‚Assessment Scale B2' errechnet und es kann damit ein Text in vier Bereichen beurteilt werden mit maximal 10 Punkten pro Bereich. Diese vier Bereiche sind:

- Sprachliche (=lexikalische und grammatikalische) Bandbreite
- sprachliche Richtigkeit
- Erfüllung der Aufgabenstellung
- Organisation und Layout.

Auf den folgenden zwei Seiten werden die 10 ‚Bands', Punktebereiche, dieser vier Beurteilungskriterien erklärt. Vorweg noch ein kleines Rechenbeispiel:

z. B.: das Essay wird mit 7 Punkten in sprachlicher Bandbreite – 6 Punkten in sprachlicher Richtigkeit – 7 Punkten in Aufgabenstellung und 6 Punkten in Organisation und Layout beurteilt.

Wie viel Prozent der gesamten Englisch-Reifeprüfung haben Sie mit dem Essay erreicht?   8 %

Warum? 7 + 6 + 7 + 6 = (26/40) x 12,5 % = 8,125 %   also gerundet 8 %

Diese Punkte-/Prozentrechnung wird für alle vier Teile durchgeführt und am Ende werden alle Teilprozentergebnisse addiert. Das Gesamtprozentergebnis entspricht dann der Beurteilung.

Für jede Reifeprüfung wird eine eigene Notentabelle kreiert. Geplant ist, dass sowohl die Reading-, Listening- und Language in Use-Tasks als auch die Writing-Tasks positiv sein müssen.
Informationen finden Sie unter www.bifie.at

B2 Sprachliche Bandbreite (lexikalische und grammatikalische Strukturen)		B2 Sprachliche Richtigkeit (lexikalische und grammatikalische Strukturen)
drückt sich ohne Einschränkungen klar und deutlich aus; sehr gute Bandbreite an sprachlichen Strukturen; große Anzahl an komplexen Strukturen; sehr große Bandbreite an entsprechendem Vokabular für die Aufgabe; vermeidet immer Wortwiederholungen; wählt immer das passende Sprachregister; setzt die Anforderungen der Aufgabenstellung sprachlich sehr gut um	10	sehr gute Beherrschung grammatikalischer und sprachlicher Strukturen; kaum grammatikalische Fehler oder Verwechslungen; exzellente Beherrschung der Rechtschreibung; sehr hohe lexikalische Richtigkeit – kaum Verwendung falsche Wörter; sehr gute Beherrschung von Satzverbindungen; sehr gute Satzzeichengebung; für Verständnis ist kein zweites Lesen notwendig
drückt sich ohne große sprachliche Einschränkungen klar und deutlich aus; gute Bandbreite an sprachlichen Strukturen; beträchtliche Anzahl an komplexen grammatikalischen Strukturen; große Bandbreite an entsprechendem Vokabular für die Aufgabe; vermeidet meist Wortwiederholungen; wählt fast immer passendes Sprachregister; setzt die Anforderungen der Aufgabenstellung sprachlich gut um	8	gute Beherrschung grammatikalischer und sprachlicher Strukturen; wenige grammatikalische Fehler oder Verwechslungen; gute Beherrschung der Rechtschreibung hohe lexikalische Richtigkeit – eventuelle Verwendung falscher Wörter behindert Kommunikation nicht; richtige Verwendung von Satzverbindungen; gute, der Aufgabenstellung entsprechende Satzzeichengebung; für Verständnis ist kein zweites Lesen notwendig
drückt sich trotz sprachlicher Einschränkungen klar aus; angemessene Bandbreite an sprachlichen Strukturen; einige komplexe grammatikalische Strukturen; angemessene Bandbreite an entsprechendem Vokabular für die Aufgabe; vermeidet häufige Wortwiederholungen; borgt manchmal Worte aus der Angabe; wählt meist das passende Sprachregister; setzt die Anforderungen der Aufgabenstellung sprachlich ausreichend um	6	gute Beherrschung häufiger grammatikalischer und sprachlicher Strukturen; grammatikalische Fehler oder Verwechslungen ergeben keine Missverständnisse; Fehler in Rechtschreibung behindern Kommunikation nicht; angemessene Lexikalik – Verwendung falscher Wörter behindert Kommunikation meist nicht; angemessene Verwendung von Satzverbindungen; der Aufgabenstellung meist entsprechende Satzzeichengebung; für Verständnis ist zweites Lesen selten notwendig
drückt sich manchmal unklar aus; limitierte sprachliche Strukturen; manchmal komplexe Strukturen; eingeschränkte Auswahl an angemessenem Vokabular für die Aufgabe; häufige Wortwiederholungen; einige sprachliche Einschränkungen führen zu Wiederholungen und Borgen von der Angabe; wählt nicht immer das passende Sprachregister; setzt die Anforderungen der Aufgabenstellung nur eingeschränkt um	4	limitierte Beherrschung auch häufiger Strukturen; Missverständnisse durch grammatikalische Fehler; grammatikalischer und lexikalischer Einfluss anderer Sprachen; Rechtschreibung ist oft fehlerhaft; beherrscht Basisvokabular gut – hat aber Probleme komplexe Gedanken auszudrücken; lexikalische Unsicherheit hindert manchmal Verständnis; teilweise unpassende Satzverbindungen; oft der Aufgabenstellung nicht entsprechende Satzzeichengebung; Leser muss sich für Verständnis doch anstrengen
kann sich oft nicht deutlich ausdrücken; wenig/keine Variation in Strukturen kaum/nie komplexe Strukturen; ausschließlich Basisvokabular; keine Versuche Formulierungen zu variieren; sprachliche Einschränkungen führen zu Wiederholungen und Borgen von der Angabe; wählt oft nicht das passende Sprachregister; setzt die Anforderungen der Aufgabenstellung sprachlich nicht um	2	sehr limitierte Beherrschung grammatikalischer Strukturen; oft Missverständnisse durch Fehler; nur häufig verwendete sprachliche Routinen und Muster werden richtig angewandt; Rechtschreibung ist oft fehlerhaft; lexikalische Unsicherheit hindert oft Verständnis; unpassende Satzzeichengebung; oft der Aufgabenstellung nicht entsprechende Satzzeichengebung; Leser muss sich für Verständnis oft anstrengen
Sprache reicht für Beurteilung nicht aus	0	Sprache reicht für Beurteilung nicht aus

Die Bands 1,3,5,7 und 9 liegen zwischen den jeweiligen Kriterien.

Positiv ist man ab 6 Punkten bei jedem Kriterium (Band).

B2 Erfüllung der Aufgabenstellung		B2 Organisation und Layout
alle Erfordernisse der Aufgabenstellung sind erfüllt; Überschriften/Begrüßung/Verabschiedung etc erfüllt; alle inhaltlichen Aspekte angesprochen und erfüllt; *relevante Details für alle inhaltliche Punkte vorhanden*; sehr gute Einschätzung; unterschiedliche Ideen/ Fakten/ Graphiken oder Lösungen eines Problems erklärt; Vor- und Nachteile sehr gut; gibt sehr gute Gründe für/gegen eine Meinung an; starke Betonung der persönlichen Bedeutung des Themas; stellt ‚news' und Ansichten anderer überzeugend dar;* Wortanzahllimit (+/- 10 %) eingehalten	10	Text weist eine inhaltlich sehr klare Struktur auf; sehr sinnvolle, logische Absatzgebung; entwickelt Argumente und Aspekte in sehr klarer, systematischer Weise; drückt Zusammenhänge von Ideen sehr klar und deutlich aus; verwendet eine große Bandbreite an Satzverbindungen; beachtet das optische Layout der Textsorte in allen Bereichen
fast alle Erfordernisse der Aufgabenstellung erfüllt; Überschriften/Begrüßung/Verabschiedung etc. passen; alle inhaltlichen Aspekte angesprochen und fast alle inhaltlich ausführlich besprochen; relevante Details für fast alle inhaltlichen Punkte vorhanden; *gute Einschätzung; unterschiedliche Ideen/Fakten/ Graphiken oder Lösungen eines Problems erklärt; Vor- und Nachteile gut; gibt gute Gründe für/ gegen eine Meinung an; gute Betonung der persönlichen Bedeutung des Themas; präsentiert Neuigkeiten und Ansichten anderer gut;* Wortanzahllimit (+/- 10 %) eingehalten	8	Text weist inhaltlich eine klare Struktur auf; gute, logische Absatzgebung; entwickelt Argumente und Aspekte systematisch; drückt Zusammenhänge von Ideen meist klar und deutlich aus; verwendet eine Bandbreite an Satzverbindungen; beachtet das optische Layout der Textsorte in allen Bereichen
Erfordernisse der Aufgabenstellung meist erfüllt; Überschriften/Begrüßung/Verabschiedung etc verständlich; fast alle inhaltlichen Aspekte angesprochen und fast alle inhaltlich ausführlich besprochen; relevante Details für inhaltliche Punkte meist vorhanden; *Versuche unterschiedliche Ideen/ Fakten/Graphiken oder Lösungen eines Problems zu evaluieren; erklärt Vor- und Nachteile angemessen; gibt einige Gründe für/gegen eine Meinung an; gute Betonung der persönlichen Bedeutung des Themas; präsentiert Neuigkeiten und Ansichten anderer;* Wortanzahllimit (+/- 10 %) eingehalten	6	Text weist inhaltlich eine zufriedenstellende Struktur auf; meist gute Absatzgebung; entwickelt Argumente und Aspekte meist systematisch; drückt einige Zusammenhänge von Ideen aus; verwendet eine begrenzte Menge an Satzverbindungen; hat einen klar verständlichen, kohärenten Text produziert; beachtet das optische Layout der Textsorte in den meisten Fälle
Erfordernisse der Aufgabenstellung teilweise erfüllt; Überschriften/Begrüß./Verabschiedung fehlen teilweise; nicht alle inhaltlichen Aspekte angesprochen/ erfindet teilweise unpassende inhaltliche Aspekte; wenige relevante Details für inhaltliche Punkte; *mangelhafte Einschätzung von Ideen/ Fakten/ Graphiken oder Lösungen eines Problem; erklärt Vor- und Nachteile wenig angemessen; gibt wenig gute Gründe für/gegen eine Meinung an; kaum Betonung der persönlichen Bedeutung des Themas; präsentiert Neuigkeiten und Ansichten anderer kaum;* Wortanzahllimit (+/- 10 %) nicht eingehalten	4	Text weist inhaltlich eine nicht zufriedenstellende Struktur auf; selten gute Absatzgebung; verbindet nur einfache, kurze Elemente in systematischer, logischer Folge; markiert wenige Zusammenhänge von Ideen; verwendet nur einige einfache Satzverbindungen; hat Probleme, einen klar verständlichen, kohärenten Text zu produzieren; beachtet das optische Layout der Textsorte in wenigen Fällen
Erfordernisse der Aufgabenstellung nicht erfüllt; keine Überschriften/Begrüßung/ Verabschiedung etc.; kaum inhaltliche Aspekte angesprochen/erfindet oft unpassende inhaltliche Aspekte; ungenügend relevante Details für inhaltliche Punkte; *mangelhafte Einschätzung von Ideen/Fakten/ Graphiken oder Lösungen eines Problems; erklärt Vor- und Nachteile nicht angemessen; keine guten Gründe für/gegen eine Meinung; keine Betonung der persönlichen Bedeutung des Themas; präsentiert Neuigkeiten und Ansichten anderer nicht;* Wortanzahllimit (+/- 10 %) nicht eingehalten	2	schriftliche Leistung zeigt inhaltlich wenig bis keine Struktur; Absatzgebung meist nicht vorhanden; willkürliche und unlogische Entwicklung/ Verbindung von Argumenten und Ideen; keine Satzverbindungen; produziert keinen verständlichen, kohärenten Text; beachtet das optische Layout der Textsorte meist nicht
Themenverfehlung**/Sprache nicht ausreichend für Beurteilung/unleserliche Handschrift	0	schriftl. Leistung zeigt keinen Versuch an Organisation und Aufbau

*kursive Teile nur für Beurteilung der jeweiligen Textsorte **Themenverfehlung= 0 Punkte für gesamten Text

Weitere Informationen: www.bifie.at

Praktische Beispiele

Beispiele zum Testformat: Reading

Multiple Choice

Task 1

Read the text about the Russian grannies who ranked second at the Eurovision Song Contest 2012, then choose the correct answer (A, B, C or D) for questions 1-8. Put a cross (☒) in the correct box on the answer sheet. The first one (0) has been done for you.

A village transformed by grannies

Buranovo, Russia – For years, Buranovo was a dying village, one of many in the Russian countryside left behind by an oil-driven boom that revitalized drab Soviet cities and drew the young away from the farms that had sustained their parents.
In places like this, collective farms routinely go bankrupt, log houses tilt and sink into the soil, roads become muddy ravines and village stores make much of their money selling vodka. Breaking the cycle of decline is considered difficult, if not impossible.

But 300-year-old Buranovo is proving to be an exception, for the unlikeliest of reasons: a troupe of eight local women, many of them old and stooped, known as the Buranovskiye Babushki (or Grandmothers of Buranovo), who sang their way to instant fame in May during the pop music contest called Eurovision. (…)

The little ladies in traditional dresses and kerchiefs put on a rock 'n' roll performance that invited the world to laugh at them, smiling slyly as they shuffled across the stage and belted out their version of a hard-partying anthem, complete with a chorus in English:
"Party for everybody — dance! Come on and dance! Come on and dance! Come on and boom boom!" (…)

Now, the women's good fortune is transforming not only their lives, but also Buranovo. In appreciation of the group's near victory, the local government is building a water pipeline, installing streetlights and high-speed Internet for the village's sole school and laying new gravel on the main roads. (…)

It all began with a miracle, said Olga N. Tuktareva, the leader of the singing group, who is 43 and in fact is not a grandmother yet.
Ms. Tuktareva recalled strolling about the village with a friend in 2008 and lamenting a sad episode in local history: the destruction of the Church of the Trinity, taken down like countless other churches in Stalin's Russia. (…)

During that walk, Ms. Tuktareva recalled, her cellphone rang. It was a music producer in Moscow who had heard of the singing babushki — they performed locally — and had a proposition: if the troupe sang the Queen song "We Are the Champions" in their native language, Udmurt, to an audience of oil executives in Moscow, the producer would make it worth her time.

"I thought, 'This is strange,'" Ms. Tuktareva said. "I just said it is impossible to rebuild the church, and then my phone rang. This is not an accident." After that, the group won minor fame performing songs by the Beatles, Deep Purple and the Eagles in Udmurt as a novelty act. The members — all deeply pious women who had to hide their beliefs in the Soviet era — set up a fund to rebuild the church.

While the women were in Baku, Azerbaijan, for this year's Eurovision contest, the laying of a church foundation was begun with the money already in their growing fund. (…)

Andrew E. Kramer: The Grandmothers Sang ‚Come On and Dance!' and a Village Got New Life. In: http://www.nytimes.com, July 9, 2012

0 Buranovo was a "dying village" because

- A hardly anybody drills for oil there nowadays.
- B the oil boom has driven away the old inhabitants.
- C the village's glorious days are long gone.
- D the infrastructure for retired people is very bad.

Q1 Buranovo was a city in decline because of

- A several factories and companies going bankrupt.
- B bankrupt farmers, bad infrastructure and homes.
- C selling cheap alcohol and liquor.
- D the food and water shortage in the shops.

Q2 Buranovo got a boost because of

- A eight men performing in a local theater play about the village.
- B eight female locals performing at a music contest.
- C eight pop stars who performed concerts in the village.
- D eight women taking part in a poetry contest.

Q3 The song performed by the grannies

- A is a folk song that creates a mystic and meditative mood.
- B is characterised by a mixture of many languages.
- C is a traditional song that lacks English words in its chorus.
- D is a party song containing English words.

Q4 Life in Buranovo has changed because

- A people nowadays receive more money from the government.
- B certain living standards have been raised and improved.
- C supermarkets present a wider range of products now.
- D roads have been rebuilt to make travelling easier.

Q5 The eight rock grannies have changed Buranovo because

- A their success has inspired local authorities to improve the infrastructure.
- B due to their success Buranovo has turned into an attraction.
- C the village's market place can now be rebuilt and redecorated.
- D they share their personal fortune with the local authorities.

Q6 The career of the Buranovskiye Babushki began

- A with a fax from a Russian restoring old buildings.
- B with an e-mail from a Ukrainian building company.
- C with a phone call from a Muscovite music producer.
- D with a letter from a Muscovite oil company.

Q7 The rock grannies managed to raise money for the rebuilding of the church

A by performing live acts and collecting donations.

B by asking the local government to help and support them.

C by recording songs for CDs and saving their pay.

D by praying for a miracle while singing their songs.

Q8 While the grannies were in Baku, Azerbaijan,

A the first steps for the church's reconstruction were made.

B the walls and the roof of the church were set up.

C the interior of the Lord's house was made.

D the reconstruction was completely finished.

Answer sheet

Task 1 (A village transformed by grannies)

					von der Lehrperson auszufüllen: richtig	falsch
0	A ☐	B ☐	C ☒	D ☐		
Q1	A ☐	B ☐	C ☐	D ☐	☐	☐
Q2	A ☐	B ☐	C ☐	D ☐	☐	☐
Q3	A ☐	B ☐	C ☐	D ☐	☐	☐
Q4	A ☐	B ☐	C ☐	D ☐	☐	☐
Q5	A ☐	B ☐	C ☐	D ☐	☐	☐
Q6	A ☐	B ☐	C ☐	D ☐	☐	☐
Q7	A ☐	B ☐	C ☐	D ☐	☐	☐
Q8	A ☐	B ☐	C ☐	D ☐	☐	☐

_____/8 P.

Hinweise

New Headway AHS 8. Advanced Student's Book with Audio CD, ISBN: 978-3-7058-8670-4
New Headway Advanced. Workbook with key, ISBN: 978-0-19-436932-9

Sequencing

Task 2

Read the text about the media heiress Elisabeth Murdoch and put the following events (A-K) into the order in which they took place in the text. There is one extra event that you should not use. Write your answers in the spaces provided on the answer sheet. The first one (0) has been done for you.

The Heiress

On Saturday, July 2, 2011, a high-society traffic jam descended on the cobblestoned town square of Burford, a village sixty-eight miles northwest of London, not far from the market town of Chipping Norton. Hundreds of chauffeured cars approached a gated stone wall, which opened to a long, circular driveway and the sprawling country house of Elisabeth Murdoch, a prominent television entrepreneur and the daughter of Rupert Murdoch, and her husband, Matthew Freud, who runs what may be the most powerful public-relations firm in Great Britain.

In addition to their professional accomplishments, the couple have gained renown for their lavish "Chipping Norton set" parties, which are often attended by their friend Prime Minister David Cameron, government ministers, financiers, C.E.O.s, celebrities, and newspaper editors. "You're never likely to be bored," the former Prime Minister Tony Blair, an occasional guest, told me. The CNN host Piers Morgan, a former editor of Rupert Murdoch's the News of the World, once told the Daily Mail, "I've never seen so many people who hate each other together in one room." (...)

Nevertheless, guests were still eager to court the Murdochs. And, at the party, at least, there was cause to celebrate. News Corp. had recently acquired Elisabeth's worldwide independent production company, Shine, which had helped create such popular entertainment shows as "MasterChef." Elisabeth seemed poised to return to News Corp., where she had worked twice previously, in various capacities. A jazz band enlivened the festivities, which lasted until morning.

"It was like 'The Last Hurrah,' the moment when politicians, newspaper editors, financiers, and celebrities could be together," one guest said. "It was unbelievably generous. Extraordinary wine, extraordinary food. Everybody danced till dawn. And then everything fell off a cliff."

Two days later, on Monday, July 4th, Nick Davies and Amelia Hill, reporters at the Guardian, revealed that the cell-phone voice mails of Milly Dowler, a thirteen-year-old schoolgirl who had disappeared (...), had been hacked into by the News of the World. An uproar ensued; it was, perhaps, one thing to snoop on the powerful and the wealthy, but it was quite another to take advantage of a young girl. The next week, Rupert Murdoch, who was in Sun Valley, Idaho, flew to England and apologized profusely to the Dowler family and to the public. But he defended his son James and Rebekah Brooks, the C.E.O. of News International, who supervised his four English newspapers.

Elisabeth dissented. She told a friend that she blamed James's stubbornness "for getting her father into difficulty." On a phone call with her father, her brothers, and her older half-sister, she urged James to resign, and Brooks with him. Invoking a public-relations adage of her husband's, she advised James and her father to get out ahead of the bad news and avoid any hint of a coverup. In her view, they should launch an internal investigation and fully cooperate with the police. (Rupert and James Murdoch declined to be interviewed for this article, although they did answer some questions through a spokeswoman.) Within days, Rupert Murdoch had announced that he was closing the News of the World and Brooks resigned. James later stepped down from his two chairmanships and relocated to New York, as deputy chief operating officer of News Corp.

The scandal did not recede. To date, eighty-seven people have been arrested, many of them News Corp. employees. Elisabeth had planned to join the board of News Corp. after its purchase of Shine; (...) Reporters who had largely ignored the hacking scandal while the Guardian, often alone, pursued it now clamored for her to comment. (...) "The people I wasn't quiet with," she told me, "were my dad and brothers and Chase"—Chase Carey, the chief operating officer of News Corp.—"and some members of the board."

Finally, in August, she went public. Invited to the Edinburgh International Television Festival to give the prestigious annual MacTaggart lecture, she spoke about the need for "strength of character," and was openly critical of her brother James and of News Corp. James felt betrayed, Elisabeth told me; her father, who had seen the adulatory press that her speech garnered, refused to read it. (...)

Ken Auletta: The Heiress. The rise of Elisabeth Murdoch. In: http://www.newyorker.com, December 10, 2012

A	Telephones were wiretapped by a news agency.
B	Hundreds of cars came to Elisabeth Murdoch's country home.
C	Rupert Murdock made public that the news agency would be closed.
D	She went public at a Scottish television festival.
E	Guests liked to come to the parties and celebrate with the Murdochs.
F	She wanted her brother to give up his job.
G	Paula followed them all the time.
H	It began on July 2, 2011.
I	Reporters wanted her to comment on the scandal.
J	The couple was famous for lavish parties.
K	Suddenly everything changed on Monday, July 4th.

Answer sheet

Task 2 (The Heiress)

0	Q1	Q2	Q3	Q4
H				

Q5	Q6	Q7	Q8	Q9

von der Lehrperson auszufüllen:

	richtig	falsch
Q1	❒	❒
Q2	❒	❒
Q3	❒	❒
Q4	❒	❒
Q5	❒	❒
Q6	❒	❒
Q7	❒	❒
Q8	❒	❒
Q9	❒	❒

_____/9 P.

Multiple Matching

Task 3

Read the text about two very different forms of travelling. Some sentences are missing. Choose the correct part (A–J) for each gap (1–8). There is one extra sentence that you should not use. Write your answers in the spaces provided on the answer sheet. The first one (0) has been done for you.

The pilgrim and the tourist

What compels us to leave home, to travel to other places? The great travel writer Bruce Chatwin described nomadism as an "inveterate impulse," deeply rooted in our species. (0)_____ The World Tourism Organization, an agency of the United Nations, reported nearly a billion tourist arrivals in 2011. Some 200 million people are now living outside their country of birth.

Our once-epic journeys have been downsized to cruise ships and guided tours.

This type of massive movement — the rearrangement, temporary or permanent, of multitudes — is as fundamental to modern life as the Internet, global trade or any other sociopolitical developments. (Q1)_____ urbanization, environmental depletion, scarcity and, of course, immigration. An immigrant is a traveler without a return ticket.

In the Bible, the human journey begins with an expulsion. God's chosen people are also those condemned to wander. Not only wander, but wonder: Why are we in exile? Where is home? Can this rupture ever be repaired? (Q2)_____ Yet these characters don't see travel as we moderns do. (Q3)_____ Today, our approach to travel is defined not by archetypal imagery but, rather, according to our own mostly prosaic trips. Literature, to be sure, still produces grand quests; likewise, there are still many people whose journeys are precarious and momentous on an epic scale.

For the most fortunate among us, our travels are now routine, devoted mainly to entertainment and personal enrichment. (Q4)_____ We have made it a business: the business of being on the move. Whatever impels us to travel, it is no longer the oracle, the pilgrimage or the gods. It is the compulsion to be elsewhere, anywhere but here. (…)

The act of traveling is an impossibly broad category: it can encompass both the death march and the cruise ship. Travel has no inherent moral character, no necessary outcome. It can be precious or worthless, productive or destructive. It can be ennobling or self-satisfied. The returns can be only as good as what we offer of ourselves in the process. So what distinguishes meaningful, fruitful travel from mere tourism? (Q5)_____ (…)

Travel is a search for meaning, not only in our own lives, but also in the lives of others. The humility required for genuine travel is exactly what is missing from its opposite extreme, tourism.

(Q6)_____ Tourists may enjoy the visit only because it is short. The memory of it, the retelling, will always be better. Whereas travel is about the unexpected, about giving oneself over to disorientation, tourism is safe, controlled and predetermined. (Q7)_____

There are still traces of the pilgrimage, even in tourism, though they have become warped and solipsistic. (Q8)____ Tourists like to visit ruins, empty churches, battlefields, memorials. Tourist kitsch depends on a sterilized version of history and a smug assurance that all of our stories of the past are ultimately redemptive — even if it is only the tourists' false witness that redeems them. There's no seeking required, and no real challenge, because the emotional voyage is preprogrammed. The world has become a frighteningly small place.

Ilan Stavans, Joshua Ellison: Reclaiming Travel. In: http://http://opinionator.blogs.nytimes.com, July 7, 2012

A	"Gilgamesh," the Icelandic sagas and "The Odyssey" are all about the itinerant life.
B	We have turned travel into something ordinary, deprived it of allegorical grandeur.
C	The relentless movement of the modern world bears this out: our relative prosperity has not turned us into a sedentary species
D	They embark on journeys of mythic significance – the literature of travel in the premodern era did not recognize travel for leisure or self-improvement
E	Modern tourism does not promise transformation but rather the possibility of leaving home and coming back without any significant change or challenge.
F	Holy seekers go looking for oracles, tombs, sites of revelation.
G	What turns travel into a quest rather than self-serving escapism?
H	We take a vacation, not so much to discover a new landscape but to find respite from our current one, an antidote to routine.
I	You leave everything you possess and everybody you care for behind.
J	Certainly, many of our most intractable collective challenges as a society are directly linked to our mobility:

Answer sheet

Task 3 (The pilgrim and the tourist)

0	Q1	Q2	Q3	Q4
C				

Q5	Q6	Q7	Q8

von der Lehrperson auszufüllen:

	richtig	falsch
Q1	❐	❐
Q2	❐	❐
Q3	❐	❐
Q4	❐	❐
Q5	❐	❐
Q6	❐	❐
Q7	❐	❐
Q8	❐	❐

_____/8 P.

Beispiele zum Testformat: Listening

Multiple Choice

Das Hörbeispiel zu dieser Übung kann hier heruntergeladen werden.

Key: 894

Task 1

You are going to listen to a recording about new media trends. First you will have 45 seconds to study the task below, then you will hear the recording twice. While listening, choose the correct answer (A, B, C or D) for questions 1-6. Put a cross (☒) in the correct box on the answer sheet. The first one (0) has been done for you.

After the second listening, you will have 45 seconds to check your answers.

Social media 'uncool'

0 When it comes to social networking sites

- A 25 to 34-year-olds think they are uncool.
- B 55 % of the 15 to 24-year-olds use them.
- C more and more people in their twenties and thirties love them.
- D there is a general worrying decline in using them.

Q1 According to the report, people of the younger age group

- A prefer watching TV to using the Internet.
- B are very much into listening to music via the net.
- C are now using social networking sites more often than ever.
- D think that older people using Facebook and Twitter are cool.

Q2 Twitter

- A is highly popular amongst teenagers.
- B is getting a lot of competition from virtual reality worlds, like Second Life.
- C is considered a complete waste of time by teenagers.
- D might be forgotten soon.

Q3 The report

- A reveals the latest trend of teenage media usage.
- B says that there is a new social networking phenomenon out there.
- C shows that young media users defy the trends of older people.
- D is written by experts who have their fingers on the pulse of time.

Q4 British broadband internet access

- A is lowest in Glasgow.
- B does not have a direct effect on social networking usage.
- C is at a national average of 78 %.
- D is very important to the Welsh.

Q5 People in Wales

- A are the most enthusiastic watchers of TV.
- B send about 80 billion text messages a year.
- C are the most avid radio listeners.
- D do not have broadband internet access at all.

Q6 The report says about mobile phones that

- A 3G phones are used more often in England than in other parts of Britain.
- B 3G mobile phones are on the rise.
- C they are still very popular.
- D up-to date smart phones are not very often used in regional areas.

Answer sheet

Task 1 (Social media 'uncool')

					von der Lehrperson auszufüllen: richtig	falsch
0	A ❐	B ❐	C ☒	D ❐		
Q1	A ❐	B ❐	C ❐	D ❐	❐	❐
Q2	A ❐	B ❐	C ❐	D ❐	❐	❐
Q3	A ❐	B ❐	C ❐	D ❐	❐	❐
Q4	A ❐	B ❐	C ❐	D ❐	❐	❐
Q5	A ❐	B ❐	C ❐	D ❐	❐	❐
Q6	A ❐	B ❐	C ❐	D ❐	❐	❐

______/6 P.

Multiple Matching

Das Hörbeispiel zu dieser Übung kann hier heruntergeladen werden.

Key: 567

Task 2

You are going to listen to recordings about two couples talking about how they met. First you will have 45 seconds to study the task below, then you will hear the recording twice. While listening, match the sentences (1-8) with the speakers (A-D). There may be more than 1 sentence matching each speaker. Write your answers in the spaces provided on the answer sheet. The first one (0) has been done for you.

After the second listening, you will have 45 seconds to check your answers.

picturedesk.com/Eddie Keogh/Rex Features

First impressions

0	We were friends for over a year first.
Q1	I remember going home that evening and telling my mum that I'd seen a very good-looking guy.
Q2	Thanks for having us.
Q3	Well, obviously I'm quite professional.
Q4	It did take a bit of time for us to get to know each other.
Q5	A lot of what developed was based on, I think, humour.
Q6	We just spent more time with each other and had a good giggle.
Q7	When we became single in our relationships we were able to start dating.
Q8	I've got a very dry sense of humour.

A	Prince William
B	Kate Middleton
C	David
D	Jennifer

Tipps

- Beantworten Sie alle Fragen, denn keine Antwort = falsche Antwort.
- Sie können die Antworten zuerst hier hinschreiben – aber vergessen Sie nicht sie auf das Antwortblatt zu übertragen.

Answer sheet

Task 2 (First impressions)

0	Q1	Q2	Q3	Q4
C				
Q5	**Q6**	**Q7**	**Q8**	

von der Lehrperson auszufüllen:

	richtig	falsch
Q1	❐	❐
Q2	❐	❐
Q3	❐	❐
Q4	❐	❐
Q5	❐	❐
Q6	❐	❐
Q7	❐	❐
Q8	❐	❐

_____/8 P.

Hinweise:

Focus on Listening mit Audio CD und CD-Rom, ISBN: 978-06-020031-3

Note Form: Sentence Completion

Das Hörbeispiel zu dieser Übung kann hier heruntergeladen werden.

Key: 363

Task 3

You are going to listen to a recording about working fathers in Great Britain. First you will have 45 seconds to study the task below, then you will hear the recording twice. While listening, complete the sentences (1-8) using a maximum of 4 words. Write your answers in the spaces provided on the answer sheet. The first one (0) has been done for you.

After the second listening, you will have 45 seconds to check your answers.

Working fathers

0	According to British men, the one to stay at work should be the partner________.
Q1	The interviewer thinks that 'working mothers and their desire to have it all' is ______________.
Q2	When a child is sick, it is generally assumed that it is the mother who leaves work or _______.
Q3	50 % of fathers do not take the two weeks paternity leave because _______.
Q4	Another 40 % of fathers do not ask for flexible working arrangements because they are afraid of _________.
Q5	In order to enhance paternity leave, the government should____________.
Q6	When mothers reduce working hours to care for their children, they often ________________.
Q7	One reason why gender equality is not yet put into effect is that men _______________.
Q8	In order to help every British person to balance her or his work and family, support should be offered to_____.

Answer sheet

Task 3 (Working Fathers)

von der Lehrperson auszufüllen:

		richtig	falsch
0	who earns/gets the money		
Q1		❐	❐
Q2		❐	❐
Q3		❐	❐
Q4		❐	❐
Q5		❐	❐
Q6		❐	❐
Q7		❐	❐
Q8		❐	❐

______/8 P.

Note Form: 4 word answer

Das Hörbeispiel zu dieser Übung kann hier heruntergeladen werden.

Key: 156

Task 4

You are going to listen to a recording about eating habits of teenage girls. First you will have 45 seconds to study the task below, then you will hear the recording twice. While listening, answer the questions (1-8) using a maximum of 4 words. Write your answers in the spaces provided on the answer sheet. The first one (0) has been done for you.

After the second listening, you will have 45 seconds to check your answers.

Teenage girls eating unhealthy

0	What do teenage girls not eat?
Q1	Which group of the population has been identified as the one eating the least healthy diet?
Q2	Apart from issues like body image, which reasons might girls have for not eating at all?
Q3	Which group benefits most from the strict nutritional guidelines for school meals?
Q4	What do secondary school pupils normally do with healthy packed lunches?
Q5	What did the people taking part in the National Diet and Nutrition Survey have to do?
Q6	What was checked and monitored?
Q7	What is the outcome of the survey?
Q8	What should be eaten according to the guidelines of the government healthy eating programmes?

Answer sheet

Task 4 (Teenage girls eating unhealthy)

von der Lehrperson auszufüllen:

		richtig	falsch
0	food with important nutrients		
Q1		☐	☐
Q2		☐	☐
Q3		☐	☐
Q4		☐	☐
Q5		☐	☐
Q6		☐	☐
Q7		☐	☐
Q8		☐	☐

_____/8 P.

Beispiele zum Testformat: Language in Use

Editing

Task 1

Read a text about Roger Federer's tennis victory at Wimbledon. In most lines of the text there is a word that should not be there. Write that word in the space provided on the answer sheet. 3-5 lines are correct. Indicate these lines with a tick ✔. There are two examples (0,00) at the beginning.

Roger Federer – another tennis trophy under his arm

Federer's four-set victory over Murray gave him seven singles titles here, which equaled	**0**
the record shared by William Renshaw and the Pete Sampras. Renshaw had it easy in	**00**
the age of long tennis trousers and the challenge round in the 19th century. As	**Q1**
defending champion, Renshaw had only to play a single match to retain the his title.	**Q2**
Sampras, whose seven titles came from 1993 to 2000, is the serial of champion to whom	**Q3**
Federer can truly relate. Asked if he had heard from who Renshaw or Sampras, Federer	**Q4**
smiled at the joke. "Not William, no," he said at. "But I have heard from Pete, which was	**Q5**
very nice."	**Q6**
Murray, a 25-year-old Scotsman who has long been all the target of British hopes and	**Q7**
fears at Wimbledon, has never won a Grand Slam title and has now lost to Federer three	**Q8**
times in it´s major finals. (…)	**Q9**
Tennis, where one singles players are exposed as in few other sports, has been	**Q10**
nicknamed the crying game in some circles yet in the era of Federer, who has broken	**Q11**
down with both joy and as disappointment after Grand Slam finals. He could certainly	**Q12**
relate to Murray's tears on Sunday, all the more so because Murray broke down after	**Q13**
losing to Federer in all the 2010 Australian Open. (…)	**Q14**
His family was in the players' box on Centre Court again on Sunday: his one parents,	**Q15**
Robert and Lynette; his wife, Mirka; and, for the first of time at a Grand Slam victory	**Q16**
ceremony, his twin daughters, Charlene and Myla, who will turn 3 on July 23 and just	**Q17**
might be old enough to remember of their father with the trophy.	**Q18**
It is no great surprise that Federer, with his Wimbledon record, managed these to win	**Q19**
another Grand Slam to singles title. What is more striking is that, with all his past success	**Q20**
and new personal responsibilities, he not summoned the year-round consistency and	**Q21**
commitment to get back to No. 1. (…)	

Christopher Clarey: A Champion With Great Feeling. In: http://www.nytimes.com, July 9, 2012

Answer sheet

Task 1 (Roger Federer – another tennis trophy under his arm)

von der Lehrperson auszufüllen:

		richtig	falsch
0	✔		
00	the		
Q1		❐	❐
Q2		❐	❐
Q3		❐	❐
Q4		❐	❐
Q5		❐	❐
Q6		❐	❐
Q7		❐	❐
Q8		❐	❐
Q9		❐	❐
Q10		❐	❐
Q11		❐	❐
Q12		❐	❐
Q13		❐	❐
Q14		❐	❐
Q15		❐	❐
Q16		❐	❐
Q17		❐	❐
Q18		❐	❐
Q19		❐	❐
Q20		❐	❐
Q21		❐	❐

_____/21 P.

Open Gap Fill

Task 2

Read a text about how toddlers and infants influence modern toy production. Some words are missing from the text. Write the missing words (1–12) in the spaces provided on the answer sheet. The first one (0) has been done for you.

When toy design is child's play

AN iPad case that doubles as a teething toy? Yes, such a product exists. It's (0) _______as the Fisher-Price Laugh & Learn Apptivity Case (also available for iPods and iPhones) and it sells for $35.
It's well known that children are quick to learn new technology. But 6-month-olds? How did the idea arise for a toy that allows its user to gnaw (Q1) _______its brightly colored handles and drool on its protective screen, while also manipulating apps for counting and singing? (…)

At Fisher-Price, "we bring babies in with their moms and watch them at play with different (Q2) _______ of apps, different types of products," said Deborah Weber, senior manager of infant research. Her job, she said, is to "understand the ages and stages of babies — what they can and can't do, what their interests are, and the growing needs of families today."

Spelunking has been around since the Fisher-Price PlayLab was formed in 1961, the same year that bricks made by a Danish company called Lego made their American debut. In its earlier days, the lab was filled with toys (Q3) _________a googly-eyed rotary phone known as the Chatter Phone, and the Corn Popper, a kind of mini-lottery machine on wheels.

Today, the lab, located at the Fisher-Price headquarters in East Aurora, N.Y., looks more like an Apple store. But instead of adults and teenagers, there are infants staring into computer (Q4)_______, and parents and toddlers are passing iPads back and forth.

The setting is similar at LeapFrog's Kid Lab in Emeryville, Calif., where digital devices and apps are tested by children who both have and haven't had regular exposure to computers. "Two years ago, it was harder to find kids (Q5)______had used an iPhone or an iPad at home," said Alissa McLean, a senior researcher in LeapFrog's user experience group, which examines how children interact with online content and computers. "Now it's not hard at all." (…)

At Fisher-Price, Ms. Weber said, "We see 6-month-olds batting at the screen, 9-month-olds swiping, and 12-month-olds pointing (Q6)________ objects to see." Observations like these are passed along to toy producers and industrial designers, resulting in products like the iPad case and the Laugh & Learn Apptivity Monkey, which comes out in August.

The Apptivity Monkey would pass for just another stuffed animal if it didn't have a thick, plastic iPhone case attached to (Q7)________ belly; the front of the case is made of see-through plastic. An iPhone can be placed inside, and a child can play apps on it, either by pressing on the iPhone directly or on the monkey's paws, which interact (Q8)______ an array of alphabet and singing apps.

The monkey is big enough and soft enough so that the iPhone can sustain even major tumbles, Fisher-Price asserts. But the iPhone is not included. So doesn't that make for a pretty (Q9)_____________ toy?

Maybe not. When Kathleen Kremer, another spelunker who is the company's senior manager of user experience, was observing how preschool-aged children played with their parents' iPhones and iPods, she stumbled on the "pass-back factor."

"People are now on their second-generation iPad or second iPhone, so what they typically do with the old one is give it to (Q10)______ child, so the kids actually have ownership of these devices," she said. She has also studied diaries and scrapbooks that parents were asked to keep, documenting their children's behavior. (...)

Not everyone sees this as a justification to ply infants with computers. "Infants learn best from real people and playing (Q11)____ real toys," said Dr. Ari Brown, a pediatrician in Austin, Tex., and the author of "Baby 411." "They learn how to communicate, how to engage with others and how to problem-solve using their five senses. While technology can offer a virtual way to learn some of these skills, (Q12)_____ will never replace the value of interacting with humans or being able to manipulate and play with toys in one´s hands." (...)

Nicole LaPorte: Where Apps Become Child's Play. In: http://www.nytimes.com, July 7, 2012

Answer sheet

Task 2 (When toy design is child´s play)

von der Lehrperson auszufüllen:

		richtig	falsch
0	known		
Q1		❐	❐
Q2		❐	❐
Q3		❐	❐
Q4		❐	❐
Q5		❐	❐
Q6		❐	❐
Q7		❐	❐
Q8		❐	❐
Q9		❐	❐
Q10		❐	❐
Q11		❐	❐
Q12		❐	❐

_____/12 P.

Hinweise

Oxford Word Skills. Basic. Student´s Book mit CD-Rom, ISBN: 978-0-19-462003-1
First Certificate Masterclass. New Edition. Student´s Book, ISBN: 978-0-19-452200-7
PET Masterclass. Student´s Book, ISBN: 978-0-19-451408-8

Banked Gap Fill

Task 3

Read a text about Shiatsu, an alternative healing method. Some parts are missing from the text. For each gap (1-13), choose the correct parts (A-P) from the list. There are two extra words that you should not use. Write your answers in the spaces provided on the answer sheet. The first one (0) has been done for you.

Shiatsu – healing with your hands

In a small cul-de-sac in the middle of Belsize Village, North London, there is a haven for tense, stressed and over worked people (0)____ the form of a salon, aptly named, BodyMatters.
This compact but dainty studio space hosts an (Q1)____ of treatments ranging from shiatsu, reiki and acupuncture to nutritional therapy and massage (Q2)____. As it is European shiatsu week (September 15-23), I thought it would be rude not to try a shiatsu-based massage.
BodyMatters's in-house masseuse and herbal healer Fiona Hurlock went (Q3)____ a series of questions in our 10-minute consultation.
Most clients who go for shiatsu treatments (Q4)____ to have ornate and pressured lifestyles, and this treatment can help de-stress and rejuvenate your body, especially (Q5)____ you suffer from stress-related ailments such as anxiety, insomnia, low energy, poor immunity, poor digestion, menstrual problems and even addictions.

Unlike other massages, when receiving shiatsu you do not (Q6)____ to get undressed and no body oils are used.

Fiona diagnosed that I was over-worked, stressed and had 'computer shoulders' – presumably from crouching over the (Q7)____ board all day frantically typing away!

She then spoke to me about eating patterns, hobbies and any (Q8)____ prescriptions I might be taking. This was to outline the basis of the treatment she would give me and to find out how worked up my body really was. While treating me, Fiona mentioned some history behind her training. Shiatsu actually was first (Q9)____ by blind men in Japan as they have more heightened senses and were able to perform a better massage through their knowledge.

She also explained that in (Q10)____ to become a masseuse back then you would have had to have trained from scratch before you could practice, starting by learning ti-chi and other forms of martial arts which concentrated on your (Q11)____. Then you would steadily work your way up taking years to learn about herbal medicine, other treatments and then finally shiatsu and then acupuncture.

Nowadays it is a bit simpler and you can train for (Q12)____ treatments or for all of them, depending on the person learning. (…)

The whole process lasts about an hour and this was by far the most relaxing and beneficial massage I have ever received.

Shiatsu is a great way to help heal back pain, migraines, stiffness, joint pain, asthmatic symptoms, stress and depression and is also extremely beneficial for (Q13)____ who just wants to forget about their daily life and relax for an hour or two.

Kimberly Thrower: Shiatsu massage: blitz those ‚computer shoulders'. In: http://www.telegraph.co.uk, September 20, 2007

A	if	E	order	I	through	M	need
B	array	F	specific	J	lasts	N	treatments
C	current	G	someone	K	of	O	breathing
D	tend	H	key	L	in	P	performed

Answer sheet

Task 3 (Shiatsu – healing with your hands)

0	Q1	Q2	Q3	Q4
L				
Q5	**Q6**	**Q7**	**Q8**	**Q9**
Q10	**Q11**	**Q12**	**Q13**	

von der Lehrperson auszufüllen:

	richtig	falsch
Q1	❐	❐
Q2	❐	❐
Q3	❐	❐
Q4	❐	❐
Q5	❐	❐
Q6	❐	❐
Q7	❐	❐
Q8	❐	❐
Q9	❐	❐
Q10	❐	❐
Q11	❐	❐
Q12	❐	❐
Q13	❐	❐

_____/13 P.

Hinweise

Good, better, perfect!, ISBN: 978-3-7058-8800-5
Durchstarten zur AHS-Matura Englisch mit Audio-CD, ISBN: 978-3-7058-8611-7

Multiple Choice

Task 4

Read a text about young children and teenagers who have developed a certain love and passion for cooking. Some words are missing from the text. Choose the correct answer (A, B, C or D) for each gap (1-10) in the text. Put a cross (☒) in the correct box on the answer sheet. The first one (0) has been done for you.

Child foodies: born with a silver spoon

With their publicists and supper clubs these kids have come a long way from licking the mixing spoon

A big noise in the restaurant industry once told me that while most chefs can refine technique, only a few are born with very good palates. Some children (0)__________a strong interest in food from an early age, displaying prodigious talent in the kitchen or a refreshing delight in trying new dishes. Inevitably, the (Q1)________ they favour cooking and eating tends towards the professional: it's a long way from licking the mixing spoon.

Flynn McGarry is a 13-year-old from the San Fernando valley. With his angular jaw and light red hair he looks not unlike a young Tom Aikens, who had two Michelin stars by the time he was 26. McGarry (Q2)________ a monthly supper club, Eureka, from his parents' home. They've indulgently converted his bedroom into a gleaming professional kitchen. (...)

It sounds gimmicky, but then you see his food. Short ribs with coffee and celeriac purée and wild mushrooms; scallops with watermelon, daikon and mustard; a dessert of chocolate with sweet pea, olive oil and strawberry. The pairings are intelligent, the plating astonishingly sensitive. Even if he's cribbing (Q3)________ from the internet and sleb chef cookbooks, it's food that makes you sit up. A local restaurateur who let him take over a restaurant for the evening describes him as an „artist".

Inevitably, McGarry wants three Michelin stars and a restaurant on the World's 50 Best (Q4)_______ – „prob – hopefully the top five", he (Q5)________, a little tellingly. „Sometimes I sort of think he's like, you know, reincarnated from like a French chef in the, you know, 20s or something," says his (Q6)___________ mother, adding almost guiltily: „I'm going to have to turn into a foodie." McGarry himself, when asked if his mother gave him a love of cooking, says „no" five times.

Sixteen-year-old Greg Grossman started catering parties in the Hamptons when he was 11. „My parents know a lot of people," he drawls, and their connections help explain his publicist and TV show. But his food sounds (Q7)_______: a typical dish at a recent private dinner was coconut panna cotta with kumamoto oyster encased with nori, mountain salt, oyster verjuice and micro spearmint, served with a carbonated sake.

There are kiddie critics, too. Earlier this year, a 12-year-old New Yorker named David Pines published a restaurant guidebook, Pines Picks, aimed at children. So he (Q8)________ burgers, cookies and pizza, but has also eaten frog's legs and, I gather from his website, raw snails. These adventurous tastes – he likes everything apart from raisins – serve him well, and he writes with the enthusiasm and engaging innocence of a child: sushi is „swimmingly fresh", while of a dessert at Hix Belgravia, he wrote: „the waiter pours an amazing caramel banana sauce on top — and boom — this very good dessert becomes a sensational one". I really love that „boom".

David Fishman is another New Yorker with the (Q9)________ of an experienced gastronome. Reviewing the three-star Le Bernadin for GQ as a 12-year-old, he wrote: „Down from heaven came the crab. It was enclosed in a zucchini flower, doused with black truffle sauce, topped with shaved truffles. It was out of this world." (…)

And that's the central (Q10) _________ with some of these kids. What can be unsettling or even spooky about them is not their talents, which may be considerable. It's the fact they are like miniature adults. (…)

Oliver Thring: Child foodies: born with a silver spoon. In: http://www.guardian.co.uk, July 17, 2012

0	A	articulate	B	express	C	convey	D	utter
Q1	A	menu	B	dish	C	meal	D	food
Q2	A	controls	B	leads	C	administers	D	runs
Q3	A	techniques	B	processes	C	structures	D	systems
Q4	A	file	B	register	C	list	D	catalogue
Q5	A	sings	B	murmurs	C	stumbles	D	mumbles
Q6	A	disoriented	B	bewildered	C	unsettled	D	panicky
Q7	A	amazing	B	artificial	C	ambigious	D	ambivalent
Q8	A	checks	B	reviews	C	rewrites	D	analyses
Q9	A	treatment	B	way	C	method	D	manner
Q10	A	struggle	B	crisis	C	difficulty	D	hardship

Answer sheet

Task 4 (Child foodies: born with a silver spoon)

					von der Lehrperson auszufüllen: richtig	falsch
0	A ❐	B ☒	C ❐	D ❐		
Q1	A ❐	B ❐	C ❐	D ❐	❐	❐
Q2	A ❐	B ❐	C ❐	D ❐	❐	❐
Q3	A ❐	B ❐	C ❐	D ❐	❐	❐
Q4	A ❐	B ❐	C ❐	D ❐	❐	❐
Q5	A ❐	B ❐	C ❐	D ❐	❐	❐
Q6	A ❐	B ❐	C ❐	D ❐	❐	❐
Q7	A ❐	B ❐	C ❐	D ❐	❐	❐
Q8	A ❐	B ❐	C ❐	D ❐	❐	❐
Q9	A ❐	B ❐	C ❐	D ❐	❐	❐
Q10	A ❐	B ❐	C ❐	D ❐	❐	❐

_____/10 P.

Angabenbeispiele zu Writing Tasks

Tipp

- Keine contractions: can´t, don´t, didn´t

Task 1: Opinon Essay

You see the following advertisement in your school magazine.

> **English essay competition**
>
> Are you also fed up with carrying all those schoolbooks with you? Why not turn on something completely new: Your iPad tablet. So – what do you think of replacing your bulky schoolbag with this one single gadget?
>
> **What is your opinion?**
>
> **Write an essay – the best one will be published in our new edition – and the winner will get her or his very own tablet for free!**

You have decided to take part in the competition. In your essay, argue for or against replacing schoolbooks with a tablet. Would this be advantageous for pupils? You should:

- **analyse the consequences on learning and social behaviour in class**
- **outline the effects the iPad may have on the students' health**
- **discuss the aspect of financing the iPad**

Write around **400 words**. Give your essay a **title**.

Task 2: Argumentative Essay

You see the following advertisement on a poster in your school.

> **Becoming multilingual**
>
> You have never been to Hungary – because you don't speak the language? Spanish is Greek to you and what the hell is 'dolce vita'? Fight the problem: Support our claim for more languages at school.

The EU school authorities are thinking of introducing a new rule for foreign language learning: In the future, every European student has to learn at least three foreign languages at school. The European Council is now asking students to analyse this idea and to present their outcomes in the form of an argumentative essay. You should:

- **analyse advantages and disadvantages for the pupils**
- **present pros and cons for the school**
- **present your opinion on this idea**

Write around **400 words**. Give your essay a **title**.

Toolbox: Essays

Developing the argument				
Central to this topic is …	Let us start by considering the fact that…			
First, …/Firstly, …	To start with, …/To begin with…			
We must distinguish between	It must be/has to be stated/pointed out/mentioned that …			
Ordering elements				
Firstly, … Secondly, … Finally, …	As a final point, …	There are at least … points to highlight.		
Adding elements				
In addition (to…), …	What is more …	Apart from that, …		
Moreover, …	It is important to add that …	Additionally, …		
Furthermore, one should not forget that …	Not only … , … but also …			
Presenting the other side of the argument				
However, it might be argued that …	Of course, it has to be stated that…			
Equally relevant to the issue are the questions of …				
Personal opinion				
I believe that …	To my mind, …			
As I see it, …	I am convinced that …			
Furthermore, one should not forget that …	My own opinion is that …			
Giving examples				
for example	for instance	such as	like	To illustrate this point, …
Emphasising				
This/The last example highlights the fact that…	I would even go so far as to say that …			
Not only …, but also …	(Not only does this mean that…)			
Another person's opinion				
Some people believe that …	According to …	Critics are convinced that …		
It is claimed that …	It is said (that) …	…say that ….		
Useful verbs				
to maintain	to mention that	to go as far as to say that	to reason	
to analyse/to examine	to emphasize that	to disagree	to prove	
to display/to show	to highlight	to exemplify/to illustrate	to demonstrate	
Consequences				
For this reason, …	Because of this, …	As a result, …		
Therefore, …	Thus, …	That is why …		
From these facts, one may conclude that …	Due to this fact, it can be said that …			
Comparison				
Some critics suggest …, whereas others …	Compared to …			
On the one hand, (there is the firm believe that) … On the other hand, (many people are convinced that…)				
Contrasting				
However	but	despite	Although	
Though	even though	in spite of	Nevertheless	
Concluding				
To conclude, …	To sum up, …	…. (I am convinced that/I believe that/)		
In summary, …	Summing up, …	…. (we have to accept that)		
In conclusion, …	To put it in a nutshell, …	To summarise, it can be said that …		
Finally, …	Eventually, …	What conclusions can be drawn from all this?		
The most satisfactory conclusion that we can come to is …				

Task 3: Article

Online article competition

Can you survive a whole day without being able to check your Facebook account on your smart phone? Imagine you've just written an A on your Maths test – and you can't call your mum to tell her? Or perhaps a school day without your phone means paradise to you? Fact is: Cell phone jammers should keep us from using our phones at school.

Write an article for our school magazine!

In recent years, an increasing number of cases of cheating with smart phones have shocked Austrian schools. In order to fight that problem, school authorities are thinking of legalising so-called 'cell phone jammers'. These are gadgets that prevent mobile phones from receiving signals and thereby disables mobile phones and smart phones. Your school magazine is now asking you to write an article on that topic.

In your article you should:

- **outline the effects of cell phone jammers on school life**
- **evaluate the influence of cell phone jammers on personal rights**
- **make suggestions of how to fight the problem of cheating with smart phones**

Write about **250 words.**

Toolbox: Article

Addressing the reader/introducing the topic	
Have you ever …	You may be wondering …
What do you think about …	You may not agree with me but I think …
It is often said that …	You may have heard about …
According to …	Nowadays …
Reinforcing an argument	
Furthermore, …	In addition, …/Additionally, …
Moreover, …	It must not be forgotten …
What is more, …	It is worth mentioning …
Introducing a counter-argument	
However, …	Despite this …
Nevertheless, …	In comparison, …
In spite of …	In contrast to that, …

Task 4: Report

For this year's school trip, your class is favouring a one-week stay at a lake in Carinthia, focusing on doing outdoor sports. Your head teacher, however, is thinking of taking you on a language trip to Ireland. In order to convince her of organising the outdoor week, your teacher asks you to interview your classmates about their sports habits and ideas. Then you are asked to write a report about the outcome. These are your notes:

My notes on class survey		students in class: 27
favouring outdoor week: 2		language trip too epensive: 16
favouring language trip: none (rest not sure)		afraid of flying: 4
outdoor week better for class spirit: 25		
sports: volleyball 9	mountain biking: 8	surfing: 10

Based on your notes, write your report.

You should:

- **inform the readers about the results of your interviews**
- **analyse the results**
- **give recommendations for the school trip**

Write about **250 words**. Divide your report into meaningful sections and give them headings.

Toolbox: Report

Introducing the topic		
This report intends to …	This report will consider/analyse/compare …	
The aim of this report is to …	The reason for having written this report is to discuss …	
Ordering elements		
Firstly, … Secondly, … Finally, …	As a final point,…	There are at least … points to highlight.
Adding elements		
In addition (to…), …	What is more, …	Not only … , … but also …
Moreover, …	Apart from that, …	It is important to add that …
Furthermore, one should not forget that …		Additionally …
Outlook/suggestions		
We would suggest …	Possible consequences must be discussed.	
It might be a good idea to …	For this reason/For these reasons …	
A possible solution would be …	Another option worth considering would be …	
It should not be forgotten that …		
Conclusion		
Summarising, it is to say that …	Finally, it should be mentioned that …	
Eventually, it can be said that …	In the end, it must be considered that …	
All in all, it can be summarised that …	Summing up, it should be stressed that …	

Task 5: Review

On your school's homepage you read the following advertisement:

Film review competition

This month's choice for our free film:

a comedy for young and old

You know one – then tell us about it.

Every fourth Friday afternoon, your school shows a certain film for free to all students. In order to choose a film, the headmaster asks students to write reviews about their favourite ones. This month, it must be a comedy that is suitable for 10 to 18 year-olds. You know a perfect film and you write a review to the headmaster that convinces him to take it.

In your review you should:

- **outline the plot and characters**
- **highlight a funny scene**
- **give reasons why you recommend this film**

Write about **250 words.**

Toolbox: Review

Title, author, director	
… is a novel/film by …	… was written by …
Place, time, action	
The action takes place in … (place, time)	The novel/film/play is set in …
The novel/film/play covers a period of …	
Main characters, plot	
The main characters are …	The novel/film/play tells the story of …
The story is about ….	The novel/film/play has an unexpected ending.
In the course of the novel/film/play the action develops dramatically.	
Opinion	
My point of view is that …	It is extremely readable.
My first impression was …	It is a beautifully/awfully written novel/film/play.
I liked/did not like the novel/film/play because …	I can absolutely recommend the novel/film/play.
I must admit that …	
I found the story rather weak/unconvincing/boring.	
The ending of the story surprised/did not surprise me.	

Task 6: E-mail

You see the following advertisement on your school's homepage.

Animal shelter needs help

You are 16 or older – and you have always dreamed of having a dog, but your parents say no? We've got the solution: 120 dogs are waiting for you to be taken for a walk, cuddled and loved for at least some hours every day. So if you are a responsible young man or woman who does not mind cleaning after us, please contact our animal shelter. But sorry – dogs don't earn a lot of money – so we can only pay 3 € per hour. You see – your salary depends on how much time you can spare for us.

We're looking forward to meeting you – Woof!

Write a letter applying for the position. In your letter, include the following points:

- **relevant qualifications and personal strengths**
- **motivation for applying**
- **reasons why you should be chosen for the job**

Write a letter of about **250 words.** Do not write any dates or addresses.

Toolbox: E-mail

Subjects				
Invitation to the …	Meeting of … scheduled for …			
Updates on …	Application for …			
Greetings				
Dear Mr./Ms.	Hi Susan, …/Hi, …	To whom it may concern,		
Dear Sir/Madam	Hello Tom, …/Hello, …			
Openings				
Following our conversation/meeting, I am sending you…				
Attached please find …	It is with interest that I read your advertisement …			
As agreed, there will not be …	Please reconsider our proposal/offer for …			
I am writing to …	I would like you to consider/think about …			
Actions				
Here is the detailed list:	To register for the online event, please go to…			
Additionally to the attached …, please click on …				
Closing				
I look forward to your reply.	Thank you, in advance, for your time.			
I am available for an interview …	I would be delighted …			
Sign-offs				
Sincerely,	Thank you,	Best Regards,	Thanks,	
Signature				
Name	Title, company name	E-mail	Phone/Fax	Web Address

Probeprüfung

Reading Test: Answer sheet

Task 1 (Driving instructions for foreign countries)

von der Lehrperson auszufüllen:

	T	F	First four words	richtig	falsch
0	❐	☒	Driving abroad involves far		
Q1	❐	❐		❐	❐
Q2	❐	❐		❐	❐
Q3	❐	❐		❐	❐
Q4	❐	❐		❐	❐
Q5	❐	❐		❐	❐
Q6	❐	❐		❐	❐
Q7	❐	❐		❐	❐
Q8	❐	❐		❐	❐
Q9	❐	❐		❐	❐

_____/9 P.

Kopiervorlage

---

von der Lehrperson auszufüllen:

Task 2 (Horrible birthday party)

0	Q10	Q11	Q12	Q13
G				

Q14	Q15

	richtig	falsch
Q10	❐	❐
Q11	❐	❐
Q12	❐	❐
Q13	❐	❐
Q14	❐	❐
Q15	❐	❐

_____/6 P.

Task 3 (A trip to the French Normandy)

0	Q16	Q17	Q18	Q19
D	☐	☐	☐	☐
Q20	**Q21**			
☐	☐			

von der Lehrperson auszufüllen:

	richtig	falsch
Q16	❐	❐
Q17	❐	❐
Q18	❐	❐
Q19	❐	❐
Q20	❐	❐
Q21	❐	❐

_____/6 P.

---

von der Lehrperson auszufüllen:

Task 4 (Climate change study …)

	A		B		C		D		richtig	falsch
0	A	❐	B	❐	C	❐	D	☒		
Q22	A	❐	B	❐	C	❐	D	❐	❐	❐
Q23	A	❐	B	❐	C	❐	D	❐	❐	❐
Q24	A	❐	B	❐	C	❐	D	❐	❐	❐
Q25	A	❐	B	❐	C	❐	D	❐	❐	❐
Q26	A	❐	B	❐	C	❐	D	❐	❐	❐
Q27	A	❐	B	❐	C	❐	D	❐	❐	❐

_____/6 P.

Kopiervorlage

Reading Test

Task 1

Read the text about driving instructions. First decide whether the statements are true (T) or false (F) and put a cross (☒) in the correct box on the answer sheet. Then identify the sentence in the text which supports your decision. Write the first four words of this sentence in the space provided on the answer sheet. There may be more than one correct answer; write only one. The first one (0) has been done for you.

Fotolia.com/kk_tt

Driving instructions for foreign countries

Driving abroad involves far more than coping with the view from the „wrong" side of the road. Despite the UK and our near neighbours supposedly being one happy European family, the rules of the road can differ wildly from country to country.

Some legislation, such as compulsory breathalysers in France, are recent; others, like the obligatory use of indicators when overtaking in Spain, are sensible; and yet more, for example trailers and caravans needing their own registration documents in Hungary, sound just plain crazy.

But one thing you can be certain of is that wherever you go there will be a local law enforcement officer ready to relieve you of your hard-earned cash via on-the-spot fines for transgressions. And if you don't have enough cash, don't worry – they accept cards.

Obviously some regulations hold true throughout Europe. Drivers must have a full licence, registration documents for their vehicle and a certificate of motor insurance. And beam converters for headlights and GB stickers or number plates are compulsory throughout the European Union.

After that, things become a little less clear. The drink-drive law, for instance, is generally tighter across Europe than it is in the UK. In most countries the limit is 50mg per 100ml of blood compared with our 80mg. But then in Hungary, Romania and the Czech Republic, it's zero, while Norway's 10mg is little more than a mouthful.

France's compulsory breathalyser law doesn't come into force until July 1 and you shouldn't actually get hit with the £9 fine for not having one if stopped until November. However, Rosie Sanderson, specialist adviser on European motoring for the AA, revealed: „We've heard whispers that French police are already trying to enforce this."

But fines for minor indiscretions can be the least of your financial worries when driving abroad. Not having the right European breakdown cover can cost thousands of pounds if a crippled car needs repatriating. Ms Sanderson said: „The most common problems are engine-related. And frequently they're problems that could be avoided if people maintained their vehicles properly before going away."

Drivers should also make sure they are carrying the right kit in their cars and know the rules of the countries they are travelling to, starting with this handy guide. (…)

ITALY
Be careful when driving in town centres, particularly when they are ancient, because it is easy to stray into a Zona Traffico Limitato (ZTL). Traffic in these is either fully prohibited or limited to residents with permits and the AA says it is the most common law British tourists unwittingly break. And although it might be hard to believe, given the Italians' reputation for being horn happy, sounding off is actually banned in built-up areas.

UNITED STATES
Think of America as being rather like Europe when it comes to driving rules. The difference is that while Europe has different laws for different countries, US laws vary by the state.

As you are unlikely to be taking your own car there, the main things to watch out for are speed limits, which are also different if a motorway is deemed rural or urban. The other thing to be mindful of is straying into the „wrong" parts of cities, where carjackers are infamous for targeting hire cars. (…)

James Foxall: Guide to driving abroad. In: http://www.telegraph.co.uk, May 29, 2012

	Statements
0	These days driving abroad means to have a view from the wrong side.
Q1	Driving rules are all the same throughout Europe.
Q2	Compulsory breathalysers have been a common means for a very long time.
Q3	European countries have in common to ask for a full licence, registration documents and an insurance.
Q4	The drink-drive law is tighter in the UK than in the rest of Europe.
Q5	You have to pay a fine for not having a breathalyser with you in France after November.
Q6	People should not maintain their cars properly.
Q7	Drivers should have the appropriate kit with them and be aware of the local rules.
Q8	Drivers are not allowed to drive everywhere in Italian town centres.
Q9	Speed limits are not always the same on motorways.

Task 2

Read the text about a horrible birthday party. Choose the correct heading (A–I) for each paragraph (10–15). There are two extra headings that you should not use. Write your answers in the spaces provided on the answer sheet. The first one (0) has been done for you.

ingimage.com

Horrible birthday party

(0)__________

A 16-year-old boy who died after being stabbed in the leg outside a birthday party has been named as Ben Morutare.

It is believed the teenager from Walsall, West Midlands, who was known as ‚Lil' Ben', died as he tried to protect a friend who was being attacked in nearby Smethwick on Friday night.

(Q10)________

A brawl reportedly broke out between two groups and police were called to the disturbance at Smethwick Home Guard and Old Comrades Club just before 1.30am.

(Q11)________

A witness said: ‚A crowd of about 30 people attacked the boy who died. He had been defending his mate who was getting kicked on the ground by the gang. It's just so sad he died like that.'

The boy was found injured after receiving a stab wound to the leg and taken to Birmingham Children's Hospital, where he later died.

(Q12)________

A tribute site has now been set up on Facebook. Commenting on the page, Liam Jones said: ‚Got big respect for this lad - he saved me from being jumped. R.I.P. my heart goes out to you and your family.'

(Q13)________

A murder inquiry has now been opened into by West Midlands Police.

Detective Inspector Gary Plant, from the force's CID said: ‚We do not underestimate the devastating impact the death of this young man will have on his family and the local community.

(Q14)________

‚We will do everything within our power to establish how Ben died and officers continue to conduct house-to-house enquiries and part of the area around the club is still currently cordoned off.

(Q15)_________

‚I would like to thank the local community for their patience and support as we continue with our investigations and would urge anyone who can help us with any information to speak to us at their earliest opportunity.(…)

Daniel Miller, Leon Watson, Tom Goodenough: Boy, 16, stabbed to death in the leg outside birthday party as he protects friend during mass brawl. In: http://www.dailymail.co.uk, July 28, 2012

A	Young and brave
B	The tragedy happened
C	Arrival of the ambulance
D	Help is on the way
E	Doing their best
F	Shooting at the club
~~G~~	A boy hero
H	Investigating a tragedy
I	Witnesses to come forward

Task 3

Read the text about a trip to the French Normandy. Parts of the text have been removed. Choose the correct part (A – H) for each gap (16-21). There is one extra part that you should not use. Write your answers in the spaces provided on the answer sheet. The first one (0) has been done for you.

Fotolia.com/Beboy

A trip to the French Normandy

Just two hours northwest of Paris (0)_______ of the better-known — and far more crowded — Norman towns of Deauville and Trouville, Etretat feels like a secret weekend escape. Accessed from Paris by an almost absurdly bucolic train ride to Breauté Le Havre (followed by a short bus ride into Etretat; directions are here), the seaside town has just 1,000 inhabitants, many of them erstwhile Parisians (Q16)______, lovely gardens, mild weather and such local delicacies as goat cheese, Calvados, apple jam and salted caramel.

Etretat's three alabaster cliffs (falaises) bracket the stony beach and jut straight into the water — a dramatic backdrop for hikes and photographs. (Claude Monet painted several series of the cliffs.) To the left of the beach are a pair of wildflower-scattered promontories, the Porte d'Aval and the Manneporte; (Q17)_______, a small church and several paths leading to natural caves and open expanses of shells and marine life. Local fishermen cluster around the edges, netting sea bass and crustaceans, and leaving a briny smell in their wake.

Etretat has a small casino, but (Q18)______: boating, sunning, walking along the boardwalk with a savory crepe or pain au chocolat. (Try the one at the Patisserie George V on Avenue George V.) Boutiques selling jaunty white-and-blue-striped sailors' shirts line the seafront, and on the sweet little rue Alphonse Karr, L'Aiguille d'Etretat is the most appealing of several artisan stores stocking local linens, soaps, Calvados and caramels. Occasional outdoor (Q19) _____a dose of culture, and a house museum celebrates the late writer and Etretat resident Maurice Leblanc, well known in France for creating the "gentleman burglar" Arsène Lupin, whom he chronicled in two dozen novels.

In the summer, the population more than triples, and the streets are lined with private homes doubling as bed-and-breakfasts. For something a bit (Q20) ________, a once-grand hotel a two-minute walk above the town. It has a sea-facing terrace and an excellent old-school restaurant that does wonderful things with the local catch, like red mullet fillet steamed in citronella and served with beets and a tomato-basil sorbet. Like the hotel, the restaurant has a genteel, slightly faded quality, hospitable but not trying too hard.

The local bounty is increasingly one of Etretat's main draws. There are farmers' markets nearby, and the town has its own organic restaurant, Le Salamandre, part of the hotel La Residence, a restored 14th-century manor with small but surprisingly luminous rooms. Just outside of Etretat, a goat farm (Q21)_______ and is open to the public. A little chevre, some cider, a picnic on a falaise in the saline air, and voilà: un bon weekend.

Jackie Cooperman: Dispatch | On the Normandy Coast. In: http://tmagazine.blogs.nytimes.com, July 27, 2010

A	I thought about buying a little souvenir for my ill colleague back at home but I didn't
B	its primary appeal is outdoors
C	more luxurious, there's the Hotel Dormy House
~~D~~	and an hour or so south
E	to the right is the Porte d'Amont, which has grazing cows
F	concerts and festivals provide
G	who retire there for its spectacular vistas
H	called Le Valaine produces wool, cheese, chocolate and ice cream

Task 4

Read the text about climate change, then choose the correct answer (A, B, C or D) for questions 22-27. Put a cross (☒) in the correct box on the answer sheet. The first one (0) has been done for you.

Fotolia.com/HappyAlex

Climate change study forces sceptical scientists to change minds

Earth's land shown to have warmed by 1.5C over past 250 years, with humans being almost entirely responsible

The Earth's land has warmed by 1.5C over the past 250 years and „humans are almost entirely the cause", according to a scientific study set up to address climate change sceptics' concerns about whether human-induced global warming is occurring.
Prof Richard Muller, a physicist and climate change sceptic who founded the Berkeley Earth Surface Temperature (Best) project, said he was surprised by the findings. „We were not expecting this, but as scientists, it is our duty to let the evidence change our minds." He added that he now considers himself a „converted sceptic" and his views had undergone a „total turnaround" in a short space of time.
„Our results show that the average temperature of the Earth's land has risen by 2.5F over the past 250 years, including an increase of 1.5 degrees over the most recent 50 years. Moreover, it appears likely that essentially all of this increase results from the human emission of greenhouse gases," Muller wrote in an opinion piece for the New York Times. (…)
Last October, the Best team published results that showed the average global land temperature has risen by about 1C since the mid-1950s. (…)
„Much to my surprise, by far the best match came to the record of atmospheric carbon dioxide, measured from atmospheric samples and air trapped in polar ice," said Muller. „While this doesn't prove that global warming is caused by human greenhouse gases, it is currently the best explanation we have found, and sets the bar for alternative explanations." (…)
Early indications suggest that climate sceptics are unlikely to fully accept Best's latest results. Prof Judith Curry, a climatologist at the Georgia Institute of Technology who runs a blog popular with climate sceptics and who is a consulting member of the Best team, told the Guardian that the method used to attribute the warming to human emissions was „way over-simplistic and not at all convincing in my opinion". She added: „I don't think this question can be answered by the simple curve fitting used in this paper, and I don't see that their paper adds anything to our understanding of the causes of the recent warming."
Prof Michael Mann, the Penn State palaeoclimatologist who has faced hostility from climate sceptics for his famous „hockey stick" graph showing a rapid rise in temperatures during the 20th century, said he welcomed the Best results as they „demonstrated once again what scientists have known with some degree of certainty for nearly two decades". He added: „I applaud Muller and his colleagues for acting as any good scientists would, following where their analyses led them, without regard for the possible political repercussions. They are certain to be attacked by the professional climate change denial crowd for their findings." (…)
„Science is that narrow realm of knowledge that, in principle, is universally accepted," wrote Muller. „I embarked on this analysis to answer questions that, to my mind, had not been answered. I hope that the Berkeley Earth analysis will help settle the scientific debate regarding global warming and its human causes. Then comes the difficult part: agreeing across the political and diplomatic spectrum about what can and should be done."

Leo Hickman: Climate change study forces sceptical scientists to change minds. In: http://www.guardian.co.uk, July 29, 2012

0 What is the central result?

A Human beings have no responsibility for the climate change.

B Scientists are sceptics.

C Global warming always has natural causes.

D Human beings cause a temperature rise.

Q22 What is surprising about this scientific finding?

A That it is hardly possible to form an opinion at all.

B That the results are always valid for only a certain time.

C That two scientists never have the same opinion.

D That scientists change their minds depending on the findings.

Q23 When did the temperature rise happen more rapidly?

A Most of it happened just recently.

B It only happened in the past five decades.

C There was a constant rise during the last 250 years.

D Scientists cannot say exactly when it happened.

Q24 What did the Best team do last October?

A They promoted human greenhouse gases.

B They discovered carbon dioxide.

C They measured polar ice.

D They published results of a study.

Q25 The study about the temperature rise has not been accepted by all scientists. Why?

A Because it does not seem to be 100 percent valid and true.

B Because it only considers the last 50 years and that is not enough.

C Because it is not relevant and up-to date.

D Because it just focuses on glaciers and their development.

Q26 Why does Professor Mann welcome the results of the new study?

A Because scientists can really work on the topic of global warming now.

B Because they confirm already existing data and information.

C Because they give an input on how to handle global warming.

D Because he is no longer criticised by his fellow colleagues.

Q27 What does Professor Mann hope for?

A That all scientists will agree on the outcome.

B That the analysis will settle the scientific debate.

C That the findings of the analysis will be used more often.

D That global warming will be stopped soon.

Listening Test: Answer sheet

von der Lehrperson auszufüllen:

Task 1 (Dog microchip plans)

					richtig	falsch
0	A ❒	B ❒	C ☒	D ❒		
Q1	A ❒	B ❒	C ❒	D ❒	❒	❒
Q2	A ❒	B ❒	C ❒	D ❒	❒	❒
Q3	A ❒	B ❒	C ❒	D ❒	❒	❒
Q4	A ❒	B ❒	C ❒	D ❒	❒	❒
Q5	A ❒	B ❒	C ❒	D ❒	❒	❒
Q6	A ❒	B ❒	C ❒	D ❒	❒	❒

_____/6 P.

von der Lehrperson auszufüllen:

Task 2 (Working as an ambulance control operator)

		richtig	falsch
0	are allowed to tackle		
Q7		❒	❒
Q8		❒	❒
Q9		❒	❒
Q10		❒	❒
Q11		❒	❒
Q12		❒	❒
Q13		❒	❒
Q14		❒	❒
Q15		❒	❒

_____/9 P.

von der Lehrperson auszufüllen:

Task3 (Degree depends on obesity index)

		richtig	falsch
0	to expand calories		
Q16		❐	❐
Q17		❐	❐
Q18		❐	❐
Q19		❐	❐
Q20		❐	❐
Q21		❐	❐
Q22		❐	❐
Q23		❐	❐

_____/8 P.

Kopiervorlage

von der Lehrperson auszufüllen:

Task 4 (Teen pregnancy)

0	Q24	Q25	Q26	Q27
C				

Q28	Q29	Q30	Q31

	richtig	falsch
Q24	❐	❐
Q25	❐	❐
Q26	❐	❐
Q27	❐	❐
Q28	❐	❐
Q29	❐	❐
Q30	❐	❐
Q31	❐	❐

_____/8 P.

Listening Test

Das Hörbeispiel zu dieser Übung kann hier heruntergeladen werden.

Key: 274

Task 1

You are going to listen to a recording about dog microchip plans. First you will have 45 seconds to study the task below, then you will hear the recording twice. While listening, choose the correct answer (A, B, C or D) for questions 1-6. Put a cross (☒) in the correct box on the answer sheet. The first one (0) has been done for you.

After the second listening, you will have 45 seconds to check your answers.

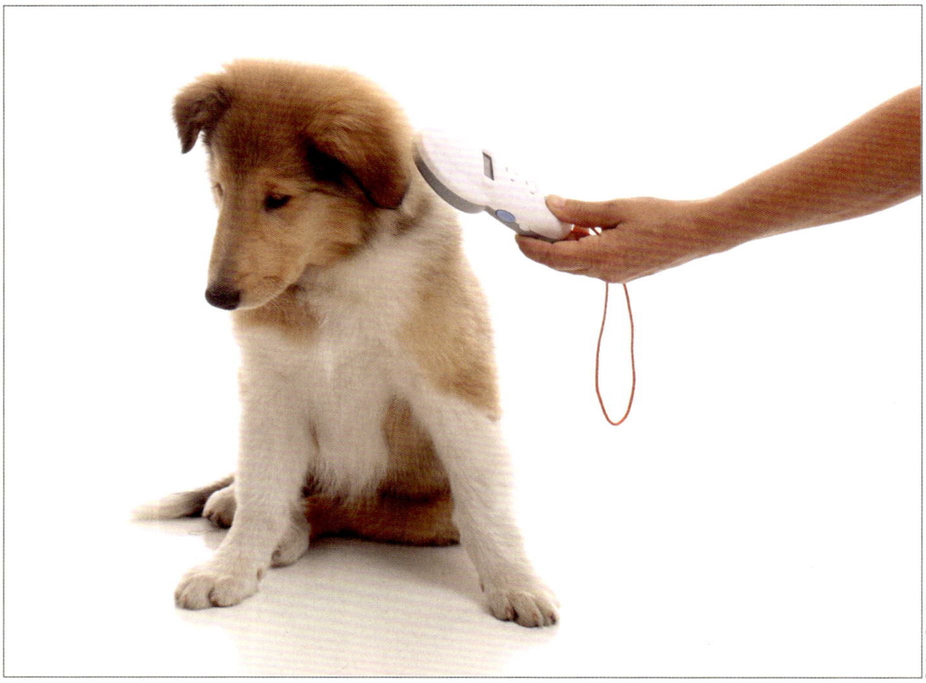

Fotolia.com/fotowebbox

Dog microchip plans

0 Dogs in London

- A have to wear a microchip.
- B have become more dangerous in recent years.
- C were increasingly complained about.
- D are no longer allowed to be walked in Wandsworth Common.

Q1 The owner of Holly thinks that

- A dog microchips should be compulsory for every dog owner.
- B dog owners should decide if they want their dog chipped.
- C dangerous dogs must be chipped.
- D a microchip will not help her to find her dog in case it went missing.

Q2 Interviewee 2 says that

A smart cars can be as dangerous as dogs.

B a dog should be chipped when you take it abroad.

C he had his dogs chipped because they are a dangerous breed.

D many people get dangerous dogs to feel superior.

Q3 According to interviewee 3,

A it is the dog owners who cause problems, not the dogs.

B anger is part of some dogs' nature.

C this person has trained the dog very hard.

D dogs normally cannot be trained to be dangerous.

Q4 Interviewee 4

A finally found the puppy he had been dreaming of.

B bought his dog from a Staffordshire Bull Terrier breeder.

C thinks that Terrier dogs are family dogs if treated correctly.

D has been looking for a grown-up dog.

Q5 According to him,

A his dog would never harm anyone.

B it is problematic that Staffs do not look dangerous.

C vicious behaviour is not part of a Staff's nature.

D many nannies have Staffs to help looking after the kids.

Q6 His opinion on microchipping dogs is that

A measures like restoring the old licensing legislation should be taken.

B this would help dog owners tracking down their lost dogs.

C not every dog necessarily has to be chipped.

D chipping every dog would fight anti-dog campaigns on the news.

Das Hörbeispiel zu dieser Übung kann hier heruntergeladen werden. Key: 901

Task 2

You are going to listen to a recording about the work of an ambulance control operator. First you will have 45 seconds to study the task below, then you will hear the recording twice. While listening, complete the sentences (7-15) using a maximum of 4 words. Write your answers in the spaces provided on the answer sheet. The first one (0) has been done for you.

After the second listening, you will have 45 seconds to check your answers.

Alamy/Archimage

Working as an ambulance control operator

0	Many callers do not know which sort of medical problems ambulance control operators ___________
Q7	In July 2005, she took calls after terrorist attacks ___________
Q8	They only realised that these attacks were a serious incident when ___________
Q9	The first baby the operator delivered via phone was born ___________
Q10	The operator realises that the newborn baby is alright when ___________
Q11	Sometimes people who have been helped by operators ___________
Q12	One day a vicar was stabbed ___________
Q13	The operator found out that the vicar survived and recovered because she saw ___________
Q14	One day, a man called because there was a ______
Q15	A week ago, someone called and asked the ambulance to come and ___________

Das Hörbeispiel zu dieser Übung kann hier heruntergeladen werden. Key: 788

Task 3

You are going to listen to a recording about the consequences of obesity on degrees. First you will have 45 seconds to study the task below, then you will hear the recording twice. While listening, answer the questions (16-23) using a maximum of 4 words. Write your answers in the spaces provided on the answer sheet. The first one (0) has been done for you.

After the second listening, you will have 45 seconds to check your answers.

Alamy/Ted Foxx

Degree depends on obesity index

0	Why is the 'Fitness for life' class designed to get the students' heart rate up?
Q16	Which part of the American population is primarily affected by obesity?
Q17	Which other problems, apart from obesity itself, does the programme 'Fitness for life' want to fight?
Q18	What is the main point of criticism against the 'Fitness for life' class programme?
Q19	What do students with a BMI over 30 have to do to be allowed to graduate?
Q20	What are the students with a very high BMI robbed of?
Q21	Which changes has the student made in his life?
Q22	What did Tiffany Humphrey have to do to be allowed to graduate?
Q23	What should the university do to fight obesity, according to Tiffany Humphrey?

Das Hörbeispiel zu dieser Übung kann hier heruntergeladen werden. Key: 432

Task 4

You are going to listen to a recording about teenage pregnancy. First you will have 45 seconds to study the task below, then you will hear the recording twice. While listening, match the beginnings of the sentences (24-31) with the sentence endings (A-K). There are two sentence endings that you should not use. Write your answers in the spaces provided on the answer sheet. The first one (0) has been done for you.

After the second listening, you will have 45 seconds to check your answers.

Teen pregnancy

0	Every young pregnant woman
Q24	For many very young women, being pregnant
Q25	The fact that teenage pregnancy rates have risen
Q26	If the pregnant girl is under 15, she
Q27	A successful plan of reducing teenage pregnancies
Q28	In addition to sex education in Biology class, the fight against teen pregnancy
Q29	Local leaders
Q30	People living in an area
Q31	Funding

A	is disappointing.
B	requires places for young people to go to.
~~C~~	can have a very different experience.
D	shows the lack of successful plans to fight the problem.
E	does not follow one specific direction.
F	probably is in a very weak position.
G	offer contraceptives and health services.
H	is a financial problem.
I	need to work together to fight the problem.
J	must be immediately directed to the fight against teenage pregnancy.
K	can be a key to success.

Language in Use Test: Answer sheet

Task 1 (Rough, tough and sexy – Matthew McConaughey)

von der Lehrperson auszufüllen:

		richtig	falsch
0	makers		
Q1		❒	❒
Q2		❒	❒
Q3		❒	❒
Q4		❒	❒
Q5		❒	❒
Q6		❒	❒
Q7		❒	❒
Q8		❒	❒
Q9		❒	❒
Q10		❒	❒
Q11		❒	❒
Q12		❒	❒

_____/12 P.

Task 2 (Old ingredients, new medication)

von der Lehrperson auszufüllen:

					richtig	falsch
0	A ❒	B ❒	C ❒	D ☒		
Q13	A ❒	B ❒	C ❒	D ❒	❒	❒
Q14	A ❒	B ❒	C ❒	D ❒	❒	❒
Q15	A ❒	B ❒	C ❒	D ❒	❒	❒
Q16	A ❒	B ❒	C ❒	D ❒	❒	❒
Q17	A ❒	B ❒	C ❒	D ❒	❒	❒
Q18	A ❒	B ❒	C ❒	D ❒	❒	❒
Q19	A ❒	B ❒	C ❒	D ❒	❒	❒
Q20	A ❒	B ❒	C ❒	D ❒	❒	❒
Q21	A ❒	B ❒	C ❒	D ❒	❒	❒
Q22	A ❒	B ❒	C ❒	D ❒	❒	❒

_____/10 P.

von der Lehrperson auszufüllen:

Task 3 (BMW seeks extra capacity for Mini production)

		richtig	falsch
0	✔		
00	only		
Q23		❐	❐
Q24		❐	❐
Q25		❐	❐
Q26		❐	❐
Q27		❐	❐
Q28		❐	❐
Q29		❐	❐
Q30		❐	❐
Q31		❐	❐
Q32		❐	❐
Q33		❐	❐
Q34		❐	❐
Q35		❐	❐
Q36		❐	❐
Q37		❐	❐

_____/15 P.

Kopiervorlage

von der Lehrperson auszufüllen:

Task 4 (Olympic Games)

0	Q38	Q39	Q40	Q41
P				
Q42	**Q43**	**Q44**	**Q45**	**Q46**
Q47	**Q48**	**Q49**	**Q50**	

	richtig	falsch
Q38	❐	❐
Q39	❐	❐
Q40	❐	❐
Q41	❐	❐
Q42	❐	❐
Q43	❐	❐
Q44	❐	❐
Q45	❐	❐
Q46	❐	❐
Q47	❐	❐
Q48	❐	❐
Q49	❐	❐
Q50	❐	❐

_____/13 P.

Language in Use Test

Task 1

Read a text about actor Matthew McConaughey. Some words are missing from the text. Use the words in brackets to form a word that fits in the gaps (1–12). Write your answers in the spaces provided on the answer sheet. The first one (0) has been done for you.

picturedesk.com/Eddie Keogh/Rex Features

Rough, tough and sexy – Matthew McConaughey

AT a certain point in the past decade — after the Jennifer Lopez movie and before the Jennifer Garner one, sometime between the two with Kate Hudson — Matthew McConaughey became a genre unto himself. For a while, it seemed, the (0)______ (**make**) of American romantic comedies were in the grips of repetition compulsion.(...)

Mr. McConaughey also served a constant function in them: Usually (Q1) ______(**play**) an upwardly mobile urban professional, he was a tanned emblem of a fantasy of modern masculinity (...).

By way of contrast, consider a few of Mr. McConaughey's roles from this year alone. In Steven Soderbergh's "Magic Mike" he struts away with the movie as an aging beefcake (Q2)______ (**dance**) turned sleazy M.C.-owner of a Tampa strip club. (...) In Lee Daniels's (Q3)______(**sweat**) Southern Gothic melodrama "The Paperboy," the talk of the Cannes Film Festival in May, he goes even further against the grain, playing a closeted gay reporter with a taste for rough sex and a raging death wish.

And that's not all. In the recent true-crime tale "Bernie," Mr. McConaughey burnished his character-actor credentials as a larger-than-life small-town (Q4)______(**prosecute**) — and reunited with the director Richard Linklater, who gave him his big break two decades ago in "Dazed and Confused" (1993). Mr. McConaughey also proved his ability (Q5)______(**quiet**) to anchor a modest, old-fashioned movie, as a fugitive who befriends two Mississippi boys in "Mud," a Huck Finnish slice of Americana from Jeff Nichols ("Take Shelter"), which also had its premiere at Cannes. Suffice to say these are all characters defined by rather more varied and (Q6)______(**interest**) predicaments than an (Q7)______(**able**) to commit (...).

The (Q8)______ (**differ**) between then and now is so pronounced that Mr. McConaughey acknowledged he had been hard-pressed to explain what happened. When a reporter approached him at the Greenwich Hotel in TriBeCa recently, he was lost in (Q9)______(**think**), scribbling on a notepad. (...)

But there was a point a few years ago when he (Q10) ______(**realization**) that the scripts coming his way (...) were invariably "kind of boring." (...)

It wasn't long before Hollywood got the message. "In a wild cyclical way I started to (Q11)______(**attraction**) these other things," Mr. McConaughey said. The (Q12)______(**turn**) point was last year's well-received thriller "The Lincoln Lawyer," his first film after a two-year absence from movie screens. (...)

Dennis Lim: The Rake's Progress: A Midcareer Leap for McConaughey. In: http://www.nytimes.com, July 5, 2012

Task 2

Read a text about the polypill. Some words are missing from the text. Choose the correct answer (A, B, C, or D) for each gap (13-22) in the text. Put a cross (☒) in the correct box on the answer sheet. The first one (0) has been done for you.

Fotolia.com/pixelfabrik

Old ingredients, new medication

A group of gently greying medical experts with divergent views sits around a London breakfast table, each of them (0)_____ a fried meal and all united by their participation in an unusual experiment.
They are part of a groundbreaking clinical trial for an (Q13)_______new drug that is in fact a combination of cheap old ones. Taken together, they believe, the ingredients in this polypill could help revolutionise the prevention (Q14)______ cardiovascular disease. (…)
The story of the polypill shows the (Q15)_________ in challenging the dominant approach to drug development in recent decades, but also the emergence of fresh attempts to do (Q16)______ by both academics and companies.
By studying new uses for old drugs that are already understood and safe, they offer the prospects of leap-frogging much of the costly uncertainty of early drug development, if they can (Q17)________ commercial, regulatory and medical scepticism. (…)
The idea (Q18)______ the drug is simple. It combines existing drugs that are used to treat people who have already suffered from cardiovascular problems such as statins which lower cholesterol (Q19)________, and other medicines to lower blood pressure. By giving the same drugs preventatively and earlier in life to a much broader and ostensibly healthy population at risk of future heart disease, the polypill aims to safely and cheaply prevent and defer heart attacks and strokes. By combining them in a single daily tablet, it makes the treatment more user-friendly. And (Q20)_____ using such a mixture of low cost, generic medicines, the polypill would prove cheap to health systems and patients alike, with notable benefits in the (Q21)______ world where cardiovascular disease is poorly treated and the risks are growing rapidly. "The prevention of a first heart attack or stroke means that there is not a second one to prevent," says Prof Wald.
Bringing the concept to realisation has proved (Q22)_______ more difficult. The first problem is commercial. Richard Smith, the former editor of the British Medical Journal and one participant in the trial, says the fact the polypill uses existing off-patent drugs limits the commercial incentive for research-based pharmaceutical companies to become involved. (…)

Andrew Jack: New approach to an age-old problem. In: http://www.ft.com, July 7, 2012

0	A	treating	B	experimenting	C	accepting	~~D~~	avoiding
Q13	A	elected	B	executed	C	experienced	D	experimental
Q14	A	in	B	at	C	of	D	from
Q15	A	hardships	B	difficulties	C	fault	D	burden
Q16	A	so	B	that	C	which	D	therefore
Q17	A	overcome	B	overdo	C	leave	D	escape
Q18	A	over	B	behind	C	beneath	D	beside
Q19	A	storeys	B	floors	C	heights	D	levels
Q20	A	beside	B	through	C	near	D	by
Q21	A	disapproving	B	disappointing	C	developing	D	definite
Q22	A	considerably	B	consistently	C	coherently	D	consequently

Task 3

Read a text about the carmaker BMW. In most lines of the text there is a word that should not be there. Write that word in the space provided on the answer sheet. 3-5 lines are correct. Indicate these lines with a tick (✔). There are two examples (0, 00) at the beginning.

picturedesk.com/Christian Kane/Eyevine

BMW seeks extra capacity for Mini production

BMW is to invest a further £250m in its three Mini factories in the UK,	**0**
safeguarding thousands of jobs, the firm has only announced.	**00**
The company also still announced further growth in production with up to 10	**Q23**
different Mini models, with the potential for as additional capacity at Oxford.	**Q24**
BMW said the extra volume not for its growth plans for the Mini and the	**Q25**
complexity of new models meant that additional production beyond Oxford's	**Q26**
maximum capacity was needed in the one medium term and the company was	**Q27**
considering how to achieve this. "Our preferred option is to establish a contract	**Q28**
manufacturer as a satellite production as close to our UK a operations as	**Q29**
possible, at the Nedcar plant in the Netherlands, with whom which BMW is in	**Q30**
discussions," said Krueger. "Oxford will provide special Mini production	**Q31**
expertise for any new operation, particularly in the areas of dealing with the	**Q32**
high complexity and customer individuality already which Mini demands and in	**Q33**
operating state-of-the-art, multi-model production lines. Just as of Munich is the	**Q34**
centre of the BMW world, Oxford is and will remain who the home and the	**Q35**
heart of Mini." (...) The British every car industry is once again a ray of	**Q36**
sunshine in all gloomy times for British manufacturing.	**Q37**

Press Association: BMW invests £250m in UK Mini factories. In: http://www.guardian.co.uk, July 9, 2012

Task 4

Read a text about the Olympic Summer Games in London in 2012. Some parts are missing from the text. For each gap (38-50) choose the correct parts (A-P) from the list. There are two extra words that you should not use. Write your answers in the spaces provided on the answer sheet. The first one (0) has been done for you.

Alamy/Alan Chandler

Olympic Games

Britain's summer of Olympic and Paralympic (0)_____ drew to a close on Sunday in hot sunshine and with the host nation eking out the final drops of gold medal success, amid hopes that the unifying spirit (Q38)_______by the games would not die with their passing.

The festival of sporting (Q39)______, which began in a mood of scepticism and uncertainty, will end at the Olympic Stadium on Sunday night with the closing ceremony (Q40)_____ the Paralympic Games that was followed as enthusiastically by the British public as the Olympics.

Both events have been praised for their slick organisation and (Q41)_______, encapsulated by the tens of thousands of volunteers (Q42)______ cheerfully marshalled the crowds.

Fears about the ability of London's creaking transport to (Q43)______with the movement of legions of spectators did not materialise, nor did the ever-constant worries (Q44)_______ a terrorist attack on the UK capital.

If anything, the greatest problem was coping with ticket demand from the sports-loving British public.

The London organising (Q45)______ could claim to have sold out nearly all Olympic and Paralympic events, something no other host nation had managed. But throughout, it has struggled to (Q46)_______ the public that its ticket distribution strategy was fair or straightforward.

Nonetheless, the abiding achievement of the games was to (Q47)______ a country that began the summer wracked by economic malaise, untrusting of its politicians and deeply uncertain about its future.

Whatever they have done to change for the (Q48)______ the way Britain is viewed abroad, politicians and social commentators are far more interested in whether they have helped change how the British see themselves.

From the first major spectacle of the Olympics, the men's cycling road race, to the (Q49)_____, the Paralympic wheelchair marathon, crowds thronged to glimpse athletes, cheering not just for home competitors but also their rivals.

British medal success has galvanised this national feel-good spirit, justifying the millions spent by the UK government on high-quality training programmes for elite athletes. (...)

Olympic athletes (Q50)______ as Mo Farah and Jessica Ennis are now household names, but so too are Paralympians David Weir and Ellie Simmonds. (...)

Roger Blitz: Festival of world sport draws to a close. In: http://www.ft.com, September 9, 2012

A	competition	E	cope	I	fostered	M	unite
B	better	F	about	J	convince	N	for
C	such	G	deeper	K	of	O	who
D	friendliness	H	committee	L	last	~~P~~	revelry

Writing Tasks

Section I: You have to answer this task.

Task 1: Opinion essay

You see this poster in your school:

Opinion essay competition
You're sitting at home, brooding for hours over your Maths homework – not being able to find a solution? Wouldn't it be fine to just ask a teacher – at school? Would it – really? All-day schools in Austria – good or bad idea?
Give us your opinion
The best essay will be awarded a brand new Kindle e-reader!

Austrian politicians are thinking about introducing obligatory all-day schools all over the country. Can you imagine being at school all day long?

The department of education asks for the students' opinions and plans to publish the best answers on a special website. There are attractive prizes for the best essays. You have decided to take part in this competition. In your essay, argue if all-day schools would offer new chances for students.

You should:

- **mention positive or negative influences on children's lives**
- **advantages/disadvantages for parents**
- **possible ways to organise/structure afternoons**

Write an essay of about **400** words.

Section II: You have to answer one task in this section. Choose to answer either Task 2 or Task 3

Task 2: Article

A magazine for young people is currently publishing a series of articles entitled

Food in our Changing Society

They have asked for contributions from their readers (you!), pointing out some aspects they are particularly interested in:

- **fast food – the only way for good time management and relaxed family life?**
- **importance of organic food**
- **expensive quality food vs. cheap ready-made products**
- **young people's eating habits**

Write an article of about **250** words including the facts mentioned above.

Task 3: Report

Last year, your school has earned 8.000 € with events like organising book sales, theatre performances and a school prom. Now, the school is thinking of what to do with the money. Therefore, the headmaster is asking some students, including you, to conduct an online study with students, teachers and parents about their needs and wishes. Then you are asked to write a report about the outcome. This is the result of the online study:

Project ideas	students' answers (%)	teachers' answers (%)	parents' answers (%)
broadband wifi-Internet access at school (1.000 €)	45 %	10 %	20 %
chillout area for free periods (1. 500 €)	30 %	2 %	10 %
healthier air condition/heating system (4.000 €)	10 %	18 %	40 %
new library (4. 000 €)	5 %	30 %	20 %
new computers for the computer labs (3. 000 €)	10 %	40 %	10 %

Based on your outcome, write your report. You should:

- **inform the readers about the results of your interviews**
- **analyse the results**
- **give recommendations on how to invest the money**

Write about **250** words.

Beurteilungsblatt Probeprüfung

Die folgende Tabelle hilft, die Note für diese Probeprüfung zu errechnen. Um die erreichten Punkte in den Bereichen *Reading*, *Listening* und *Language in Use* zu ermitteln vergleichen Sie einfach die Lösungen mit dem Lösungsteil (S. 77). Für jede richtige Antwort erhält man einen Punkt. Tragen Sie die Punkteanzahl nun unten in Tabelle 2 unter (a) für *Reading*, (b) für *Listening* und (c) für *Language in Use* ein.

Formel für Listening, Reading, Language in Use

Erreichte Punkte (a, b oder c) dividiert durch maximale Punkte (27 für a, 31 für b oder 50 für c)

Dieses Ergebnis multiplizieren Sie mit den maximalen Prozent (25) = erreichte Prozent

Um die Texte zu beurteilen, muss man zuerst anhand der Assessment Scale (Seite 23 und 24) die erreichten Punkte in Tabelle 1 ausfüllen. Nun addieren Sie und tragen Sie sie in Tabelle 2 unter erreichte Punkte (d) für Essay und (e) für Short text ein.

Formel für Writing

Erreichte Punkte (d oder e) dividiert durch maximale Punkte (40)

Dieses Ergebnis multiplizieren Sie mit den maximalen Prozent (12,5) = erreichte Prozent

Addieren Sie nun alle erreichten Prozentsätze und Sie erhalten die Gesamtprozentzahl.

Tabelle 1

Texte	Spektrum sprachlicher Mittel	Sprach-richtigkeit	Erfüllung der Aufgaben-stellung	Aufbau & Layout	Gesamt
Essay					(d)
Short text:					(e)

Tabelle 2

	Erreichte Punkte	Max. Punkte	Erreichte Prozent	Max. Prozent
Reading:	(a)	28		25
Listening:	(b)	31		25
LIU:	(c)	57		25
Essay:	(d)	40		12,5
Short text:	(e)	40		12,5

Ergebnis: _________ %

Zur Erinnerung:

90 %-100 %	Sehr gut
80 %-89 %	Gut
70 %-79 %	Befriedigend
60 %-69 %	Genügend
0 %-59 %	Nicht genügend

Beachte, dass jede Reifeprüfungsangabe eine eigene Notentabelle bekommt.

Anhang

Lösungen

Beispiele zu Testformat: **Reading**
Task 1: Q1 B, Q2 B, Q3 D, Q4 B, Q5 A, Q6 C, Q7 A, Q8 A
Task 2: Q1 B, Q2 J, Q3 E, Q4 K, Q5 A, Q6 F, Q7 C, Q8 I, Q9 D
Task 3: Q1 J, Q2 A, Q3 D, Q4 B, Q5 G, Q6 E, Q7 H, Q8 F

Beispiele zu Testformat: **Listening**
Task 1: Q1 B, Q2 D, Q3 C, Q4 A, Q5 C, Q6 C
Task 2: Q1 D, Q2 C, Q3 C, Q4 B, Q5 D, Q6 A, Q7 C, Q8 A
Task 3: Q1 a horrible expression, Q2 goes part-time/works part-time, Q3 they can't afford it/of financial reasons, Q4 negative consequences/negative effects/not being promoted/losing promotion/not being committed, Q5 pay it more generously/better, Q6 take a pay drop/are paid much less/earn much less (money), Q7 don't take caring responsibility/don't look after kids/don't share caring responsibility, Q8 all types of parents/every parent/mothers and fathers
Task 4: Q1 girls between 11-18, Q2 becoming more independent/attempts of becoming independent/trying to become independent, Q3 primary school children, Q4 chuck it away/throw it away, Q5 keep detailed food diaries/describe everything they eat/give blood/urine samples, Q6 they were weighed/their exercise was monitored, Q7 nothing (too meaningful)/data not yet analysed, Q8 five pieces fruit/vegetables

Beispiele zu Testformat: **Language in Use**
Task 1: Q1 ✔, Q2 the, Q3 of, Q4 who, Q5 at, Q6 ✔, Q7 all, Q8 ✔, Q9 it´s, Q10 one, Q11 yet, Q12 as, Q13 ✔, Q14 all, Q15 one, Q16 of, Q17 ✔, Q18 of, Q19 these, Q20 to, Q21 not
Task 2: Q1 on, Q2 types/kinds, Q3 like, Q4 screens, Q5 who, Q6 out, Q7 its, Q8 with, Q9 expensive/costly, Q10 their, Q11 with, Q12 they
Task 3: Q1 B, Q2 N, Q3 I, Q4 D, Q5 A, Q6 M, Q7 H, Q8 C, Q9 P, Q10 E, Q11 O, Q12 F, Q13 G
Task 4: Q1 D, Q2 D, Q3 A, Q4 C, Q5 C, Q6 B, Q7 A, Q8 B, Q9 D, Q10 C

Probeprüfung
Reading Test
Task 1: Q1 F, Despite the UK and; Q2 F, Some legislation, such as; Q3 T, Drivers must have a; Q4 F, The drink-drive law; Q5 T, France´s compulsory breathalysers; Q6 F, And frequently they´re; Q7 T, Drivers should also make; Q8 T, Traffic in these is, Q9 T, As you are unlikely.
Task 2: Q 10 D, Q11 B, Q12 A, Q 13 H, Q14 E, Q15 I
Task 3: Q16 G, Q17 E, Q18 B, Q19 F, Q20 C, Q21 H
Task 4: Q22 D, Q23 B, Q24 D, Q25 A, Q26 A, Q27 B

Listening Test
Task 1: Q1 B, Q2 D, Q3 A, Q4 C, Q5 C, Q6 A
Task 2: Q7 On London's transport system, Q8 they got more calls/more people called, Q9 in a pub toilet/by a barmaid, Q10 it cries/it starts to cry/they hear the/a cry, Q11 write to them/say thank you, Q12 on his parish rounds/by a psychiatric patient, Q13 an interview on TV/the rescuer being interviewed, Q14 bear in his room, Q15 to clean the blood/clean up the blood
Task 3: Q16 African American population, Q17 the/its co-morbidities, Q18 discrimination against/overweight people/setting overweight people off, Q 19 carry out fitness courses/take a fitness course/class, Q20 quality/quantity of life, Q21 stopped eating fried food/stopped drinking soda/stopped eating pork, Q22 take this course/class, Q 23 offer/have more physical education, offer/have more gyms/trainers
Task 4: Q24 H, Q25 A, Q26 F, Q27 E, Q28 B, Q29 K, Q30 I, Q31 J

Language in Use
Task 1: Q1 playing, Q2 dancer, Q3 sweaty, Q4 prosecutor, Q5 quietly, Q6 interesting, Q7 inability, Q8 difference, Q9 thought, Q10 realized, Q11 attract, Q12 turning
Task 2: Q13 D, Q14 C, Q15 B, Q16 A, Q17 A, Q18 B, Q19 D, Q20 D, Q21 C, Q22 A
Task 3: Q23 still, Q24 as, Q25 not, Q26 ✔, Q27 one, Q28 ✔, Q29 a, Q30 which, Q31 ✔, Q32 ✔, Q33 already, Q34 of, Q35 who, Q36 every, Q37 all
Task 4: Q38 I, Q39 A, Q40 K, Q41 D, Q42 O, Q43 E, Q44 F, Q45 H, Q46 J, Q47 M, Q48 B, Q49 L, Q50 C

Tapescripts

S. 32, **Social networking uncool**, say 15 to 24-year-olds
A: What seems to be happening is social networking sites such as Facebook are being taken over by the 25 to 34-year-olds and the 15 to 24-year-olds think this is deeply uncool to have either their parents or their teachers looking at their profiles, so now actually disappearing, they're going for the first time ever, if I ---. It was 55 % of the 15 to 24-year-olds were using social networking a year ago. Now it's down to 50 %; doesn't sound like an enormous change, but it is a trend which is worrying.
I: And also do people change their opinion of things incredibly quickly. Where are they going, that younger age group?
A: Well, it's slightly annoying that it doesn't really say. The suspicion is that they are watching a lot more online television, so things like the iPlayer. They are also probably using things like Spotify, streaming music services. There has been a big explosion in streaming music. What they are probably not doing is Twitter. Twitter has also seen a very large take-up, but that seems to be in that 25 to 34-year-old bracket again.
I: And is that going to grow because there are some people who think Twitter is a complete waste of time and some people who swear by it wouldn't do anything else ---.
A: Well actually there is a --- for Twitter and everyone who keeps massively overhyping Twitter within this report. I don't know if you remember Second Life, which was the big virtual reality world that we were talking about two years ago. --- has even put a correspondent towards Second Life. Well Second Life usage has collapsed over the past year and has turned into a virtual desert. So the worries of --- Twitter is that it's just gonna be yet another flash in the ---.
I: And it seems to be the case as soon as the oldies get hold of it, younger people think I've had it, I'm not interested in that at all.
A: Yeah, so it gets desperately uncool and they go off and do something else. This is the other thing. This report was produced by a lot of middle-aged white men. So chances are there is actually another social networking phenomenon --- that we haven't spotted yet. So the people who write this report haven't spotted it yet. So --- if you are gonna ask your kids.
I: What about the regional variations because they, the trend has shown that it depends on where you live as to the kind of service that you use?
A: Yes certainly. I mean there is some obvious ones where broadband in London is far more used than anywhere else with 78 % of households in London have it, compared with the national average of about 68 %. And that drops right down in other parts of the country. But there are some oddities in here as well which look a bit strange. The obvious one is social networking is not used at all in Glasgow, something like 12, 13 % of people there using …
I: So not a great place to make friends?
A: No, I suspect it is actually because they don't have a lot Internet access. They are lowest on the broadband--- at 31 %.
I: Interestingly enough though, the Welsh seem to be quite intriguing the figures there because they love the radio the Welsh, don't they?

A: Yes, they are one of the biggest listeners to radio across the country. Whereas, television in fact is more watched in Scotland than it is anywhere else.
I: And mobile phone usage. Is everybody using the more up-to-date mobiles or is this again a regional thing?
A: Well, we are all certainly using mobiles. 80 billion text messages were sent last year which is saying that has been 100 texts per month per person. But for specific areas of usage --- mobile phones, the new --- ones are actually more used in Cardiff than anywhere else in the country.
I: So as far as you are concerned, can you spot the next trend. I mean you were saying the white guys who compiled this report now that's out of date. What do you think is the next thing? I mean you are twittering already, so …
A: I am twittering.
I: You had your finger on the pulse.
A: I think I had my finger near the pulse, not actually on it. To be honest, if I could spot the next trend I would put money into it and I'd be doing this job. It's gonna be, certainly from this report it looks like, it's TV on demand, it's watching what you want when you want to watch it for television. For radio we really got some problems and unfortunately with the newspapers we seem to have some issues as well. The people who took the survey were asked what they would give up, obviously --- consumers, what you would give up first, other than mobile phones and telephony. Gym membership scored very, very highly. Newspapers also got scored quite highly. Holidays, DIY, all these things you would get rid off before you would get rid off the Internet. So if you are looking for a new, new trend it is obviously going to be something else online.
Richard Wray. In: http://www.guardian.co.uk. August 6, 2009

S. 34, **First impressions**
Interview with Prince William and Kate Middleton
William: We were, obviously… we met at university, at St Andrews, and we were friends for over a year first. And it just sort of blossomed from then on. We just spent more time with each other and had a good giggle, had lots of fun, and realised we were sharing the same interests, and just, you know, had a really good time. She's got a really naughty sense of humour which kind of helps me 'cos I've got a very dry sense of humour. So… it was good fun. We had a really good laugh, and then things happened.
Tom Bradby: And Kate, what did you think of William? I mean, he's clearly not quite the same as meeting your average, you know, university…. maybe it was! I don't know, but… what was your first impression?
Kate: Actually, William wasn't there for quite a bit of the time, initially. He wasn't there for Fresher's' week, and… erm, so it did take a bit of time for us to get to know each other. But we did become, you know, very close friends from quite early on.

Interview with David and Jennifer
Yang Li: Jennifer and David are with me now in the studio. Hi guys. It's fantastic to have you on the programme.
Jennifer: Thank you. Hello, it's great to be here.
David: Hello, yeah. Thanks for having us.
Yang Li: Welcome. We heard William and Kate describe how their romance blossomed out of a friendship. Was that the way with you, or was it love at first sight?
Jennifer: I first met Dave when he was interviewing me for a job, interestingly enough. And I remember going home that evening and telling my mum that I'd seen a very good-looking guy who was interviewing me! But then when I did get the job and started work there, erm, we became friends… initially.
Yang Li: What was your impression, David, of Jennifer?
David: Well, obviously I'm quite professional, so on the… on the job interview side, then, erm, I obviously did note that I was, er, quite attracted to her. But at the time we were in relationships, so, as Jenny said, it was erm… we were good friends, and then when we became single in our relationships we were able to … to start dating.
Jennifer: I would say David and I worked opposite one another for quite a long period of time, so we got to know one other quite closely within a work arena.
Yang Li: As colleagues?
Jennifer: As colleagues, exactly. And a lot of what developed was based on, I think, humour… with one another. We laughed a lot in the office, and I always seemed to have a very good time when I was at work.
Yang Li: The sense of humour. Do you share the same sense of humour?
David: I think Jenny and I do have the same sense of humour. I think we, you know, obviously really enjoy our… each others' company, and… there was a real core grounding for us with that. And we just love spending time together.
A Royal Romance, An Everyday Love Story. In: http://www.bbc.co.uk, April 19, 2011

S. 36, **Working fathers**
A: There has definitely been a shift in attitudes: British men want to spend more time with their children, they want to take a more active role in caring for them and they no longer believe that it should automatically be the man who stays at work when childcare is required. They think it's the better paid partner who should stay in work.
I: Because we hear a lot about working mothers and their desire to have it all; a horrible expression that is always used to describe their desire to have a career and a family. But we don't often hear about the plight of working fathers.
A: Well that is what we are trying to do in this research and in the project as a whole. Because, you know, parenting is generally a two-person-exercise, not for everybody obviously. But there has been an assumption that it's mothers, who will always leave work when the child is sick or will go part-time. And in fact a large number of fathers are telling us they are interested in doing that as well, but there are a lot of obstacles in their way at the moment.
I: What kind of obstacles do they face?
A: Well, almost half of them aren't even taking the two weeks paternity leave after the birth of their children and the most common reason they give us is that they can't afford to. At the moment their paternity leave is paid just over £100 a week, actually £123 a week, which obviously is a big drop in income for lots of people. So one of them is financial. But in some ways the more worrying one is that 40 % of the men who reply to our survey said, they were worried about asking for flexible working arrangements because they thought their employer would think they weren't seriously committed to their job and it might negatively affect their chances of a promotion. So it's not just a question of what the legislation allows them to take. There's a whole question of attitudes to working fathers or working parents generally and some kind of assumption that it means you are not a serious employee.
I: Well you said that it's not just legislation but is there anything else that the government could do to help working fathers?
A: Well we are in the long-term advocating that the government should move to a more generously paid system of parental leave. We are talking about the same amount of parental leave as mothers and fathers currently get, but that this should be redistributed in a different way, so that families have the option to decide whether the father or the mother takes the break. We are also advocating, not immediately but over the next 11 years, to 2020, that we move to a more generously paid system of parental leave.
I: Although, as a working father myself, I densify some of the findings in your report. But, you know, shouldn't the quality in a hu-

man rights' commission be highlighting groups who are more disadvantaged and discriminated against than working fathers?
A: Well, I think again there's two sides to this coin. The mothers take often a massive drop in pay when they go part-time to look after children and one of the barriers to greater gender equality is men not taking up part of that caring responsibility. What this research is telling us is that actually a lot of men want to do this, it's just they couldn't structure --- that it should always be women and they are not adequately compensating women or supporting women in their parenting responsibilities. So a more modern approach would be supporting all types of parents to balance their work and family life. And I think it's such a fundamental part of most British people's life, it resonates with people, because parenting is time-consuming, it's expensive to get childcare, it affects almost every hour of every day for people who have got kids. This is really fundamental stuff.

Andrea Murray. In: http://www.guardian.co.uk, October 20, 2009

S. 37, **Teenage girls eat unhealthy:** They think they cannot eat anything at all
A: There's a very worrying trend which is that teenage girls are first of all not eating enough and when they are actually eating they're eating all the wrong things. They're eating stuff that's high in sugar, salt and fat; so, lots of chocolates, processed food, confectionary. Importantly they are not eating foods that have got important nutrients in them which can help them grow. This particular age group basically teenage girls aged between 11 and 18 have been singled out as this section/sector in the population that have the worst diet which is quite astounding, really.
I: Why teenage girls?
A: I think there are issues around body image, girls being very, very, self-conscious about what they look like, how much they weigh and I think they think they can get away with not eating anything at all. This issue is also around, you know, attempts to become more independent when they're leaving school and not eating what's snapped to the family table. But it's interesting that the boys don't seem to be doing this as much as girls are.
I: What about school meals? What effect does that have? Because I suppose teenagers, fewer teenagers eat school meals than primary school aged kids.
A: That's right. They do. In fact, the last couple of years we've had some very strict nutritional guidelines introduced for all school meals, so you think that will be a good thing. But as you rightly point out, generally speaking, a large proportion of primary school kids will eat school meals. When they go to secondary school, again there are issues around wanting to be much more independent, taking in packed lunches. Well that is evident, if I do take a healthy packed lunch in, they might well chuck it away and just buy a bag of chips at lunchtime anyway.
I: Now this is from a thing called a national diet and nutrition survey. What is this survey?
A: Well it does sound terribly grand. In fact it's a big piece of research that's produced from the government's food watchdog, the "Food Standards Agency". The Department of Health have --- to put into as well. They're claiming it's the biggest survey of national diet, what we're all eating, for about 10 years. But they are pointing out that this is the first what you call a national --- programme. In the first year it's a sample of only 1000 people, which, when you look at bigger surveys, is not a huge number. But again to add to it every single year, so we build up and build up. So at the moment we can make some comparisons with 10 years ago but nothing too meaningful. What's interesting about it is that all the participants, it's not --- just answering a few questions, they've had to complete detailed food diaries, describe everything they have eaten. They've had to be weighed. They've had their exercise monitored. They have even given blood and urine samples, but they haven't analysed those yet. So it's quite serious stuff in terms of being a long-term project.
I: Can we glean any information about the effectiveness of government healthy eating programmes?
A: In terms of the guidelines on healthy eating they want us to be eating at least five pieces of fruit or vegetable every single day. And the worrying thing is that two thirds of us are not even doing that. You know, the Department of Health has put millions of pounds into huge advertising campaigns. There's a big scheme called "Change for life", which is really about encouraging us to eat much more healthily. And these messages are supposed to be hitting us from the sides of busses as well as on television and radio. But it does seem as if they've got a quite long way to go in terms of getting that message over. I think they have conceded today that, it's quite a challenge to get us to eating what we should be eating.

Rebecca Smithers. In: http://www.guardian.co.uk, February 10, 2010

S. 62, **Dog microchip plans:** There are no dangerous dogs, just dangerous owners
I: I'm in Wandsworth Common in South London, a popular place for people walking their dogs, all of which will have to carry a microchip under new plans announced by the government to extend the dangerous dogs to a part of a crack-down on dangerous dogs. Complaints about dog fights rose twelve-fold between 2004 and 2008. Well let's find out what some of the dog owners think about it.
A: Well she does …
I: She carries one already …
A: Yeah …
I: What's her name?
A: Holly
I: Hello Holly!
A: Get down! I think it's, you know, in their own interest really. Because if the dog goes missing, and gets taken to a local police station or local --- they'll be able to get tracked down.
I: Do you think it should be made compulsory? Because that's what's gonna happen.
A: Well, yeah, I think it should really. Because it would just be easier to track their dogs down.
I: Why did you decide to get your dog microchipped?
A: Uh, in case he got lost, I wanted to be able to find him easily.
I: Do you think it should be made compulsory? Because that's what is being announced.
A: I think it's up to the dog owner and also the breed of dog.
B: That's very interesting. My dogs at home all have microchips. I think if a dog gets lost, that's an ideal way of finding it. If you take the dog abroad, you've got to have a microchip anyway and lots of other medical things. You know, I think … what about humans?
I: I think it's part of the plan to crack down on dangerous dogs. I don't think this dog here is dangerous, is it? Because dangerous dogs are an increasing problem apparently.
B: I mean there has been so much publicity about it. I can't understand why people particularly in an urban area should even want a dangerous dog, particularly in the presence of children, because that's what you read about, these dreadful accidents.
I: They are calling them status dogs. You know, people just getting a dangerous dog to sort of improve their status somehow.
B: Better to get a smart car.
I: Good advice. Thank you very much, sir.
C: There's no dangerous dogs, there's dangerous owners. And people of a certain ilk --- wanna be an extension of their anger and they'll get the kind of dog to do the things that they want. That's not the dogs' nature to do it; it's the people.
I: So it's the people training the dogs to fight …

C: … I've watched them up here training on branches of trees hanging them by their jaws. Ridiculous.
D: We really didn't want a Staffordshire Bull Terrier or Bull Terrier cross. But then I got called to the dogs home and there was my little brown, 12-week-old puppy. Oh we know, she's a Staffordshire Bull Terrier mostly, but we think she's crossed with another Terrier.
I: Is this a dangerous dog?
D: When we went down the road of deciding to get a dog and my concern, my uneducated concern, was lots of Staffs are --- of the dog, so we held out for a puppy. And I gotta say, as a father, Staffordshire Bull Terriers are just the most wonderful dogs for family. This dog is so child-orientated. We haven't trained her to do it, but even when we are over the ---, she is so concerned that if my daughter runs off we just have to say her name and the dog's off and finds her. And it has become a game now. They are just the most wonderful dogs that you could wish to own if they are treated correctly.
I: So do you think it's the treatment of dogs that makes them dangerous?
D: If anything --- to me and my wife I would ---. If someone was to try to attack them this dog is gonna give up its life to protect its pack, its family. And these dogs have the ability to defend themselves and others very, very well. The real unfortunate part is that a nickname for these dogs is "nanny-dogs" because apparently, historically these dogs have been brought into the country for fighting purposes and they were absolutely useless and they were given to the nanny to look after the children. You can make any dog vicious. These dogs, they kind of look the part and you know what, I really wish they didn't because it is just not in their nature.
I: What about plans to make every dog carry a microchip. Do you think that's a good idea?
D: I personally feel that all dogs should be microchipped. There needs to be a paper trail back to the owner. I also feel, personally, I was watching the news this morning, I also feel they should reinstate the licensing legislation as far as dogs is concerned. I don't know why they don't do that. I really wish they'd …

Jon Dennis. In: http://www.guardian.co.uk, March 9, 2010

S. 64, **Ambulance control operator's book:** Barmaid rang frantic for help-baby's coming right now

A: No I don't really. They see how it works on the TV and that's not really how it works in real life. And also a lot of people just know we're there for medical problems but don't know which sort of medical problems we are allowed to help with.
I: Because you have taken some incredible calls. You actually took some of the first calls after the terrorist attacks on London's transport system in July 2005. Tell us about that because that must have been an incredible moment.
A: I took the very first call which was from the fire brigade. All they said was that they think there might have been an explosion and that they needed an ambulance on stand-by. But this is not an uncommon happening. Usually it's a false alarm or a very small explosion that doesn't need ---. So it was only as we got more and more calls, we realised that we had a major incident on our hands.
I: Of course it is a position of great responsibility working in a 999 call-centre and you have done one of the great things that journalists love. You have delivered a baby over the phone.
A: Yeah, I have delivered quite a few babies over the phone. But my first one was actually in a pub toilet and the barmaid was delivering the baby.
I: How happened?
A: I don't know why the lady was in the pub toilet in the first place with 9 months pregnant. Maybe she just wanted him there. The barmaid rang frantic for help "The baby's coming right now!", as is with babies; they just come by themselves as. What you have to watch is that the baby doesn't fall onto the floor as it comes out and that the baby is alright as soon as it is born. So it's always reassuring when you hear the baby start to cry.
I: Do they ever get back to you and say "I just wanna say thanks for your help"? Or is it, are you just onto the next job and they have forgotten about you?
A: Not that day. But sometimes a few weeks later they will write in and say thank you for helping.
I: Tell us about some of the other dramatic calls you've had. Because you have had one, you know, someone said "Vicar's been stabbed". What happened after that?
A: Yeah, that was a strange call. The vicar had just been doing his parish rounds and a psychiatric patient had singled him out, gone up and stabbed him. Fortunately the vicar knocked on someone's door for help and they were there. It was a very helpful man at the end of the phone. He did everything he was asked to and quite possible saved the vicar's life. That was in all the newspapers of course, so I got to find out what happened. I even got to see the person I had spoken to being interviewed on the TV and I was able to follow the story and find out that the vicar did survive and recover.
I: Now, we also, one of the other things that the media enjoys is hearing about people dialling 999 for the most ridiculous reasons and you have had a few of these. What have been some of the sort of silly things people have said when they have dialled 999?
A: We have had a man ringing up because there was a bear in his front room. Somebody thought he was gonna get an abscess on his teeth but had one/hadn't actually yet. And someone who had called for an ambulance a week ago after being injured and just got home from hospital and wanted the ambulance to come back and clean up the blood.
I: Now what's your view of the great British public after doing this job?
A: Some of them need to be better educated. Some of them need to have a bit more consideration for other people in the services their using. But some of them are very kind towards other people and you are very pleased by the way they react to you on the phone.

Jon Dennis. In: http://www.guardian.co.uk, March 10, 2010

S. 65, **Degree depends on obesity index**

E … Expert I … Interviewer S … Students

E: Those students who do test into the "Fitness for life" class, they would actively participate in series of activities; the walking, the aerobics, the water exercises, the ---, the stability balls, the Bosu. It's designed again to get those students' heart rate up to the target heart rate zone. For the purpose of again of expending calories. Now in addition to the physical activity there's also the idea of trying basically to empower students that they can realise and recognise they can make a difference. That they can make progress in this issue.
I: Now as you know obesity is an epidemic of great proportions in America and, as well as in industrialised countries around the world and particularly impacts on the African American population. But put it to me in plain words, why you have come up with this policy? Why do you think it's appropriate?
E: The HPR-faculty felt in 2005 that there was a real need to address this obesity epidemic and its co-morbidities that is nationwide. And this is one attempt, granted it is extreme some would argue, it is radical. We felt this was an attempt again to make a dead in the obesity co-morbidities that are plaguing all Americans. And this is our one small step.
I: Right, and the criticism, the obvious criticism, put against it, is that you are discriminating against people with a BMI above 30 and separating them off from those who have BMIs beneath 30. And require that they, in an obligatory way, that they then carry out a fitness course. Otherwise they don't graduate. What do you say to those accusations of discrimination?

E: First of all, the whole process of sorting out students from low BMI or healthy BMI and those that are at risk for those co-morbidities is a very, very difficult and emotionally-laden issue. We know that. However, given the consequences, the impending doom, if you will, of students with very high BMIs, it's a, obesity is gonna rob the individuals of quality and quantity of life. And faculty educators have a responsibility on this with their students. And if we identify any factor that we believe in our heart of hearts is gonna impair them from maximizing their life goals, we have to tell them that. --- sometimes that message, that feedback will be perceived as unsettling, uncomfortable and awkward for faculty and students alike. But to keep our heads in the sand and to do nothing perpetuates the problem.

S1: Uhm, I arrived here in 2006 of August and I was told I would have to get tested in order to graduate.

I: Right, now there is a lot of controversy around this new policy obviously. Well it's people saying, it makes people feel stigmatized for being fat. Did you feel that as someone who had a BMI of 30 and had to take the course?

S1: No. I actually didn't have a problem with it. Because I know I'm sure, but I know I'm healthy because the doctor told me so.

I: What changes have you made in your life?

S1: I stopped eating fired food, drinking soda and eating pork.

I: Tiffany Humphrey, now you were made to take the course. Why did you think it was wrong that you had to take the course?

S2: I do think it's wrong. You shouldn't tell somebody that they have to be a certain weight to get their degree. In college I pay over 20 000 dollars a year, so for them to tell me I had to take this one class, that's one credit that doesn't even count to what I am graduating. And I don't think it's right at all.

I: Universities say they're doing it out of concern for you and other people like you in the sense of overweight can lead to health problems further down the line, whether it's heart disease or diabetes or whatever. So they say it's for you, it's out of concern for you. What would you reply to that?

S2: I think it's their concern that they shouldn't make it to the severity that they do. They shouldn't be, I have to take this class or I won't get my degree. They shouldn't be like that at all. They should, if they want really for us to lose weight, they should have more physical education, you know, things like a gym, where two, like, trainers or something around that have all these --- places around. I'm fine with my weight. I know when I'm ready to lose weight. If I do wanna lose weight, I will lose it. But having somebody down your back telling you you have to lose weight to get your degree. I never heard of it.

I: So, as you can hear, the student body is pretty divided and are likely to get even more so. Up to 30 obese students here have not yet taken the course and so they face flunking out next summer under the new rules. This is going to be one to watch. As graduation gets closer and closer, this debate can only get more heated.

Ed Pilkington. In: http://www.guardian.co.uk, December 7, 2009

S. 66, **Teen pregnancy:** Some parts of the country are getting it right

I: Setting the scene for us I suppose, could you just spell out for us how teenage pregnancy affects the lives of those involved?

A: Well, every young woman will be affected differently by a pregnancy in the same way that any woman would be. But I think for a particularly young woman it can be a very frightening time. It can be very difficult in terms of, for example continuing their education or continuing an employment. It can be a time when financially it's very difficult to cope and it can be a time when often the support network you perhaps had before you became pregnant is no longer there, friends for example who don't have children and don't really know how to communicate with young friends that do.

I: All that being the case, what's your reaction to these figures showing a rise in the number of teenage pregnancies?

A: Well, we were not surprised by the rise because the indicators were that 2007 would have increased. So we weren't surprised but it is disappointing. We now know what we need to do to reduce the teenage pregnancy rate. There are some places in the country that have already reduced their rates by a very long way and we need to make sure that the best practice which is happening in parts across the country becomes the standard across the country.

I: The rise in the number of very young girls getting pregnant under 15 is particularly worrying.

A: Yes, because those are the most vulnerable young people and those are the young people who need education, information and support at a much earlier age. So yes, the younger the young woman, the more vulnerable she is likely to be.

I: Now you mentioned that there are schemes operating in some parts of the country that have been successful in reducing the number of teenage pregnancies. Can you give us some idea of how they might work?

A: There is not a formula really. You need good quality, young people friendly services, which are contraceptive and sexual health services, which are open at times when young people can access them and in places that young people go. You need good quality, early sex and relationships education which is not just the Biology class about how to put on a condom and reproduction. But starts at primary school and sets sex in a context of relationships and broader emotional health. And you need local leadership. You need somebody locally who is making sure that initiatives are resolved and that they join up and that the whole of an area is focussing on the problem rather than looking at it in little --- practice.

I: Now in response to this week's figures the government says it is gonna spend an extra 20 million pounds on helping teenagers get access to contraception and providing information to them. Do you think the government is doing enough in this area?

A: I think in terms of funding the really important thing is once the government releases funds the local areas spend the money on what it was intended for because we don't --- funds any longer in this country. There is a danger that funding which was intended to go towards the sexual health services for young people is siphoned off for other priorities in a local area. It is really crucial that money that's released by the national government is spent locally on what it was intended for.

I: Jules Hillier from Brook, thanks for talking to you.

Jules Hillier. In: http://www.guardian.co.uk, February 26, 2009

Essay

Starting time: ____________________

Title: ____

Kopiervorlage

Finishing time: ______________

Number of words: ______________